U0456318

2021年度四川省科技计划软科学项目
"全域旅游视域下旅游产业协同发展研究——以成都平原经济区为例"
（项目编号：2021JDR0228）

陈科◎著

全域旅游视域下旅游产业协同发展研究

QUANYU LÜYOU SHIYU XIA
LÜYOU CHANYE XIETONG
FAZHAN YANJIU

四川大学出版社
SICHUAN UNIVERSITY PRESS

项目策划：傅　奕
责任编辑：傅　奕
责任校对：陈克坚
封面设计：璞信文化
责任印制：王　炜

图书在版编目（CIP）数据

全域旅游视域下旅游产业协同发展研究 / 陈科著
. — 成都：四川大学出版社，2021.7
ISBN 978-7-5690-4843-8

Ⅰ. ①全… Ⅱ. ①陈… Ⅲ. ①地方旅游业－旅游业发
展－研究－中国 Ⅳ. ①F592.7

中国版本图书馆 CIP 数据核字（2021）第 145315 号

书名　全域旅游视域下旅游产业协同发展研究

著　者	陈　科
出　版	四川大学出版社
地　址	成都市一环路南一段 24 号（610065）
发　行	四川大学出版社
书　号	ISBN 978-7-5690-4843-8
印前制作	四川胜翔数码印务设计有限公司
印　刷	四川盛图彩色印刷有限公司
成品尺寸	170mm×240mm
印　张	6
字　数	110 千字
版　次	2021 年 8 月第 1 版
印　次	2021 年 8 月第 1 次印刷
定　价	36.00 元

版权所有 ◆ 侵权必究

◆ 读者邮购本书，请与本社发行科联系。
　电话：(028)85408408/(028)85401670/
　(028)86408023　邮政编码：610065
◆ 本社图书如有印装质量问题，请寄回出版社调换。
◆ 网址：http://press.scu.edu.cn

四川大学出版社
微信公众号

前　言

近年来，随着我国社会经济的不断发展，旅游产业以强有力的发展态势，逐步成为地区社会、经济、生态环境发展中的重要角色，甚至在一定的区域已成为支柱产业，而如何走好"旅游－经济－社会－生态"协同发展之路，是当下亟待解决的问题之一。

2020 年是《成都平原经济区"十三五"发展规划（2018 年修订）》的收官之年，"十三五"期间成都平原经济区综合实力显著提升，对全省经济社会发展起到了重要支撑带动作用。同时，成都平原经济区旅游产业迅猛发展，《四川统计年鉴 2019》数据显示，2018 年，四川省全年国内旅游总收入 10012.72 亿元，其中，成都平原经济区国内旅游总收入 6913.73 亿元，占全省 69.75%；2018 年四川省全年国际旅游外汇收入为 15.12 亿美元，其中，成都平原经济区国际旅游外汇收入为 15.04 亿美元，占全省 99.47%。这一数据表明，成都平原经济区旅游产业的发展，对于四川省旅游产业的发展至关重要。

近年来，成都平原经济区通过实施"旅游＋"发展战略，极大地推动了区域经济效益、社会效益和生态效益"三效合一"的发展，但学者们对其"旅游－经济－社会－生态"协同发展的深入研究还不足。当前环境下，有必要分析成都平原经济区"旅游－经济－社会－生态"协同发展的时空格局、演变趋势、影响因素等情况，探索其协同发展的路径。

基于此，本研究以共生理论为核心理论，首先系统梳理国内外学者关于全域旅游和旅游产业融合的研究进展，其次对相关概念及理论基础进行详细阐释，接着构建评价指标体系，以四川省成都平原经济区为例，对其"旅游－经济－社会－环境"协同发展水平现状进行综合测度。在此基础上，探索"旅游－经济－社会－环境"协同发展的特征与机制，最后根据理论研究与实证研究结果探寻成都平原经济区"旅游－经济－社会－环境"协同发展的路径，各章具体安排如下：

第一章：绪论。本章主要阐述研究的背景、目的与意义，全面梳理国内外学者关于全域旅游和旅游产业融合的研究进展。在此基础上，找出此领域研究存在的不足，抓准本研究的着力点。同时，本章阐述本研究的主要内容、研究方法、技术路线、研究框架等方面内容。

第二章：相关概念及理论基础。本章首先分析全域旅游和协同发展的概念，包括概念的内涵、意义等，其次对本研究的核心理论——共生理论，以及相关理论——可持续发展理论、系统理论、耦合协调理论等进行详细阐释，夯实本研究的理论基础。

第三章：评价指标体系构建及评价方法。本章在明晰构建指标体系总体思路的基础上，按照科学性原则、全面性原则和可获取性原则初步构建成都平原经济区"旅游－经济－社会－环境"综合发展水平评价指标体系，经征询专家意见，有针对性地对指标体系进行修改和完善，形成适用于本研究的指标体系。根据本研究的实际情况，选取多指标综合评价法作为评价方法，并对评价方法的基本原理和具体计算步骤进行了详细的说明。具体步骤为：指标无量纲化、层次分析法赋权、熵值法赋权、层次分析法＋熵值法综合赋权、综合评价。

第四章：成都平原经济区"旅游－经济－社会－环境"综合发展水平综合评价。本章在搜集、整理成都平原经济区 2018 年"旅游－经济－社会－环境"综合发展相关指标数据的基础上，首先对数据进行无量纲化，使其具有可比性，其次采用主观的层次分析法和客观的熵值法分别对各指标进行赋权，然后综合主客观权重对各指标权重进行优化，以提升指标权重的科学性和合理性。在此基础上，对成都平原经济区"旅游－经济－社会－环境"综合发展水平现状进行了评价。

第五章：成都平原经济区"旅游－经济－社会－环境"相互作用及协同发展关系研究。本章构建了成都平原经济区"旅游－经济－社会－环境"耦合协调度模型并对耦合协调度评价标准及发展阶段进行阐释。然后，对成都平原经济区"旅游－经济－社会－环境"耦合协调发展水平进行测度并详细分析其所处的耦合协调阶段。

第六章：成都平原经济区"旅游－经济－社会－环境"协同发展的路径。根据理论研究与实证研究结果，本章从以下五个方面探寻成都平原经济区"旅游－经济－社会－环境"协同发展的路径：做强成都极核和主干功能，充分发挥辐射引领带动作用；依托成渝双城经济圈，打造旅游发展新增长极；加强基础设施互联互通，畅通资源要素流动渠道；共建共享，打造基本公共服务共同体；加强生态文明建设，行绿色化发展之路。

对照现有相关研究成果，本研究尝试有以下创新：

　　已有研究较少将"旅游－经济－社会－生态"作为一个大系统进行深入研究，多为具体研究旅游产业与某一相关产业的融合。本研究在全域旅游视域下，以"旅游－经济－社会－生态"协同发展为核心，在文献研究的基础上，深入分析"旅游－经济－社会－生态"协同发展机理，并且以成都平原经济区为研究区域进行实证研究，通过综合评价研究区域 2018 年"旅游－经济－社会－生态"协同发展的现状、时空格局、影响因素等，有针对性地提出协同发展的路径。

　　由于作者水平有限，本书中可能出现疏漏和错误，恳请读者批评指正。

作　者

2020 年 10 月

目　录

第一章　绪　论

1.1　研究背景

1.1.1　旅游产业快速发展

1.1.1.1　世界旅游产业稳步发展

根据世界旅游组织（UNWTO）相关统计资料显示，自二十世纪五十年代以来，旅游产业持续快速发展，到二十世纪九十年代时，国际旅游收入早已超过石油产业、汽车产业、机电产业等产业的国际收入，成为世界经济中持续高速稳定增长的具有重要战略性、支柱性、综合性的第一大产业。二十一世纪初，虽然受到金融危机的冲击，但全球旅游业保持稳定增长态势，4%～5%的增速将在今后几年中得到巩固[1]。根据世界旅游组织、世界旅游城市联合会和中国社会科学院旅游研究中心等发布的数据，2017 年，全球游客总数达到 12亿，比上年增长 7%；国际旅游收入 1.33 万亿美元，比上年增长 5%，连续 8年实现正增长。2017 年全球旅游总人次约 119 亿，全球旅游总收入超过 5 万亿美元，相比 2016 年分别增长 6.8% 和 4.3%，增速持续高于 GDP 增速。2017 年旅游业增加值相当于全球 GDP 的 10.4%，提供了 3.13 亿份工作岗位，占全球工作岗位的 9.9%。旅游业正不断夯实其世界第一大产业的地位，部分国家早已将旅游产业作为经济支柱产业，而越来越多的国家也正朝着这一方向发展。世界旅游产业与我国的旅游产业互相影响、互相推动，根据相关学者的研究，到 2030 年左右，以中国为核心的东亚地区旅游产业的发展速度将超过西方发达国家，即东亚地区将成为世界旅游中心，这将极大地提升我国旅游国际竞争力，实现旅游产业的跨越式发展。

1.1.1.2 中国旅游产业飞速发展

虽然我国旅游产业的发展相对世界旅游产业起步较晚，但是随着经济的迅猛发展，人民群众的需求层次逐步提升，对旅游的需求程度迅速增长。在我国现代化发展的过程中，旅游产业被誉为"无烟产业"，因其污染小、绿色环保、有着极强的产业融合性等特点，其地位逐步提升，国家也将旅游业放在了重要位置，旅游产业迅速崛起。《中华人民共和国 2018 年国民经济和社会发展统计公报》[2]表明：全年国内游客 55.4 亿人次，比上年增长 10.8%，国内旅游收入 51278 亿元，增长 12.3%，入境游客 14120 万人次，增长 1.2%，国际旅游收入 1271 亿美元，增长 3.0%，入境游客 14120 万人次，增长 1.2%，国内居民出境 16199 万人次，增长 13.5%。世界旅游业理事会（WTTC）测算：中国旅游产业对 GDP 综合贡献 10.1%，超过教育、银行、汽车产业。国家旅游数据中心测算：中国旅游就业人数占总就业人数 10.2%。以上数据表明，我国旅游产业不仅对国家的整体发展做出了重要贡献，而且保持着较好的发展趋势。

党和国家领导人以及各级政府长期高度重视旅游产业的发展：1998 年的中央经济工作会议第一次明确提出"将旅游业确定为国民经济的重要增长点"，国务院在《国务院关于加快发展旅游业的意见》（国发〔2009〕41 号）中指出旅游业是战略性产业，并明确提出了把旅游业培育成国民经济的战略性支柱产业的指导思想。国家旅游局先后出台了《旅游服务质量提升纲要（2009—2015年)》《旅游质量发展纲要（2013—2020 年)》和《国民旅游休闲纲要（2013—2020 年)》等纲领性文件用于指导旅游业又好又快地发展。2013 年我国出台了《中华人民共和国旅游法》，这是我国旅游事业发展的一座里程碑，标志着我国旅游产业的发展迈入了新时期。《中华人民共和国国民经济和社会发展第十三个五年规划纲要》更是有 15 处直接提到旅游产业的发展规划，且多处提出旅游业要与科技、信息、体育等融合发展。纵观我国改革开放以来旅游产业发展状况及趋势，旅游产业已逐步成为国民经济的重要支柱产业，成为国民经济发展的重要动力之一。

在党和国家领导人以及各地区政府的高度重视下，伴随着国民经济的增长、旅游产业对经济增长持续贡献的增长，我国旅游产业势将迎来下一个发展的"钻石期"。根据国际规律，当人均 GDP 达到 2000 美元时，旅游将获得快速发展；当人均 GDP 达到 3000 美元时，旅游需求出现爆发性增长；当人均 GDP 达到 5000 美元时，步入成熟的度假旅游经济，休闲需求和消费能力日益增强并出现多元化趋势。2013 年，我国人均 GDP 已突破 5000 美元大关，北京、上海、广东等省市人均 GDP 已经超过 1 万美元，发达国家居民一般每年出游 8 次以上，而目前中国居民人均每年出游才 2.6 次，因此，未来几十年我国将迎来旅游发展的"钻石期"。

1.1.2 全域旅游时代来临

2016 年 1 月 29 日，在全国旅游工作会议上，国家旅游局前局长在主题为《从景点旅游走向全域旅游，努力开创我国"十三五"旅游发展新局面》的报告中提出，进入新的发展时期，贯彻落实十八届五中全会提出的五大发展理念，必须转变旅游发展思路、变革旅游发展模式、创新旅游发展战略、加快旅游发展阶段演进，推动我国旅游从"景点旅游"向"全域旅游"转变。该讲话标志着我国全域旅游时代的来临。

2016 年以来，国务院及地方政府相继出台多项政策，推动全域旅游的发展。2018 年，我国出台的《国务院办公厅关于促进全域旅游发展的指导意见》（国办发〔2018〕15 号）指出："近年来，我国旅游经济快速增长，产业格局日趋完善，市场规模品质同步提升，旅游业已成为国民经济的战略性支柱产业。但是，随着大众旅游时代到来，我国旅游有效供给不足、市场秩序不规范、体制机制不完善等问题日益凸显"[3]。发展全域旅游，将一定区域作为完整旅游目的地，以旅游业为优势产业，统一规划布局、优化公共服务、推进产业融合、加强综合管理、实施系统营销，有利于不断提升旅游业现代化、集约化、品质化、国际化水平，更好满足旅游消费需求。在国家文件的基础上，各地方政府相继出台相应的政策，推动地区全域旅游的发展，并且把促进全域旅游发展作为推动经济社会发展的重要抓手，大力推进"旅游＋"，促进产业融合、产城融合，全面增强旅游发展新功能，使发展成果惠及各方，构建全域旅游共建共享新格局。

1.2 研究目的与意义

1.2.1 研究目的

本研究的目的在于通过结合理论研究与实证研究，梳理"旅游－经济－社会－环境"协同发展的研究现状，阐释研究的基础理论，包括共生理论、可持续发展理论、系统论和耦合协调理论，在测度成都平原经济区"旅游－经济－社会－环境"协同发展水平的基础上，引入耦合协调度模型，对四者的协同发展水平进行分析，探索研究区域"旅游－经济－社会－环境"协同发展的路径。具体包括以下几个方面：

（1）梳理和分析与全域旅游、旅游产业协同发展研究相关的国内外文献，把握这一研究领域发展的主要过程和重要节点，对本研究的基础理论进行详细阐释，包括共生理论、可持续发展理论、系统论和耦合协调理论，进一步夯实本研究的理论基础。

（2）在初步构建"旅游－经济－社会－环境"协同发展水平评价指标体系的基础上，征求相关专家意见，有针对性地对指标体系进行完善，最终构建一套科学合理，适合于本文研究的指标体系。

（3）通过对研究区域"旅游－经济－社会－环境"协同发展水平的现状进行分析，探索研究区域"旅游－经济－社会－环境"协同发展的空间格局、影响因素等。

（4）通过引入耦合协调度模型，对研究区域"旅游－经济－社会－环境"协同发展水平进行测算，找出驱动其变化的制约因素、存在的问题等。

（5）在理论研究与实证研究的基础上，探寻研究区域"旅游－经济－社会－环境"协同发展之路，为当地政府制定相关的政策提供参考。

1.2.2　研究意义

1.2.2.1　理论意义

"旅游－经济－社会－环境"协同发展是经济建设、政治建设、文化建设、社会建设和生态文明建设五位一体发展的内在要求。目前我国学者对旅游产业融合发展已有一定的研究，但具体将"旅游－经济－社会－环境"四者结合进行研究的学者还不多。本研究拟在已有理论的基础上，在全域旅游视域下，在做好文献研究和理论研究的基础上，通过构建科学合理的测量指标体系，对"旅游－经济－社会－环境"综合发展水平进行量化研究，然后引入耦合协调度模型，研究四者协同发展的情况，最后，根据理论研究与实证研究，提出"旅游－经济－社会－环境"协同发展的路径。本研究是旅游产业融合研究的继承与开拓，丰富了已有的理论体系。

1.2.2.2 现实意义

本研究通过理论＋实证研究，反映了成都平原经济区"旅游－经济－社会－环境"协同发展的现状水平、空间格局等情况，在此基础上，针对研究区域发展过程中的弱势环节，找出存在的问题，挖掘优势因素，从而探寻促进其"旅游－经济－社会－环境"协同发展的相关路径。本研究通过对研究区域的实证研究，探讨具有相似发展历程的区域，即21世纪后由于旅游产业飞速发展，推动了区域经济发展，促进了区域社会和谐稳定，提升了区域生态效益的区域如何走"旅游－经济－社会－环境"协同发展之路。研究成果可为政府部门制定政策提供参考，助力区域经济、社会和环境的发展。

1.3 国内外研究综述

1.3.1 全域旅游

1.3.1.1 全域旅游的概念

全域旅游的概念是我国旅游产业发展到一定的阶段产生的特定概念，国外学者未专门对全域旅游进行概念界定。现代旅游起源于欧美地区发达国家，虽然国外学者没有专门对全域旅游进行概念界定，但其旅游业的发展契合了全域旅游的理念，学者们也进行了相应的研究。

自2016年初，我国国家旅游局（2018年国家机构调整、职责整合，变更为中华人民共和国文化和旅游部）提出全域旅游以来，我国政府部门、相关学者对全域旅游进行了广泛的研究，其中具有代表性的概念是北京第二外国语学院厉新建教授提出的，全域旅游是指，各行业积极融入其中，各部门齐抓共管，全城居民共同参与，充分利用目的地全部的吸引物要素，为前来旅游的游客提供全过程、全时空的体验产品，从而全面地满足游客的全方位体验需求[4]。另外，曾博伟对全域旅游的概念解析为：全域旅游是指将一定区域作为完整旅游目的地，以旅游业为优势产业，进行统一规划布局、公共服务优化、综合统筹管理、整体营销推广，努力实现旅游业现代化、集约化、品质化、国际化，最大限度满足大众旅游时代人民群众消费需求的发展新模式[5]。

1.3.1.2 全域旅游发展的路径

国内学者研究方面，李桥兴在全域旅游和乡村振兴战略视域，在对广西阳朔县进行实证研究的基础上，提出四条全域旅游发展路径：加强政府对民宿市场的宏观引导和规划；严格遵循市场规则建构公平竞争的营商环境；拓宽职业培训渠道提高从业人员服务素质；建立健全有利于探索创新民宿发展的体制机制[6]。任耘提出了旅游特色小镇的全域旅游发展路径，具体包括树立全域旅游理念，协调特色小镇旅游供给与体验旅游市场需求；嵌入区域全域旅游整体规划，差异化各地区特色小镇旅游产品；打造区域一体化旅游品牌，创建全域旅游产品体系；实施产城融合发展战略，营造特色小镇可持续增长优势；建立全域旅游基础设施，完善特色小镇公共服务体系[7]。王国华从六个方面提出了全域旅游发展的路径：一是编制各种业态融合、相关产业协同发展的全域旅游规划。二是以创意设计带动旅游产业项目创新，大手笔策划重大旅游产业项目。三是以互联网思维理念大举措创新旅游产业发展模式。四是推进文化产业要素转型，打造产业链。五是以独特的旅游目的地形象营销传播吸引世界客商。六是树立人才第一的观念，聚集各路文化英才[8]。

1.3.1.3 全域旅游发展水平评价

任燕以陕西、浙江等七个首批国家全域旅游示范区建设单位为研究对象，在旅游经济和社会空间理论基础上，提出全域旅游具有地域拓展、产业融合和文化体验三个维度，进而构建相应指标体系，并运用因子分析法展开定量评价[9]。肖妮围绕中国31个省市区全域旅游发展问题，按照"要素—格局—过程—机理"研究范式，以"全域旅游评价体系（要素）—全域旅游发展水平评价（格局）—全域旅游发展水平的时空演化（过程）—全域旅游的空间效应（机理）"为逻辑主线，综合运用组合权重法、差异分析法、耦合协调度、标准差椭圆和空间自相关、经典面板计量模型和空间面板计量模型等分析方法，测度和分析2000—2016年中国31个省市区全域旅游发展水平及其时空演化进程[10]。丁依婷构建了闽江口湿地生态-经济-社会系统耦合协同发展评价指标体系，在此基础上，她引入复合系统耦合度模型和协同有序度模型，对2010—2017年闽江口区域的耦合度、协同有序度进行量化研究，结果表明，经济与社会系统间存在着密切相关性；生态系统与经济、社会系统间的耦合度呈线性上升趋势[11]。

1.3.1.4 不同空间尺度下全域旅游发展研究

1. 国外不同空间尺度下全域旅游发展研究

Lee 对亚太地区国家区域一体化发展全域旅游进行研究，认为旅游业已成为亚太地区国家享有共同利益的最受认可的行业，各国家之间有意愿在旅游业领域开展全域旅游，同时，旅游业也将成为影响亚太地区国家之间经济、政治关系的重要产业[12]。Araujo 在对巴西东北部区域全域旅游研究的基础上提出，利益相关者应充分参与到旅游产业的过程中，全域旅游的发展取决于足够多的利益相关者参与其中，利益相关者定期进行协作沟通，共同制定相关政策，取得更大竞争优势，从而推动地区全域旅游发展[13]。Nowak 对欧洲地区全域旅游（旅游专业化）进行了研究，认为欧洲已经在总体地理水平上实现了全域旅游，但全域旅游发展水平还不高，发展模式较为单一，其中，南部欧洲联盟和欧洲北部国家有较大区别。Nowak 通过考虑三种不同质量的旅游服务（高，中，低）的双边流量，研究了 20 个欧洲国家在 2010—2016 年期间的比较优势和劣势，结果表明与传统方法所获得的结果存在严重差异[14]。Lenzen 的研究认为，旅游产业对全球经济发展的贡献，超过了其他诸多产业。目前学者或政府部门对旅游产业碳排放量的量化研究还不足，因此，Lenzen 量化了 160 个国家或地区的旅游产业碳流量以及它们在始发地和目的地核算角度下的碳足迹。结果表明，在 2009 年至 2013 年期间，旅游业的全球碳足迹已从 3.9 增加到 4.5 $GtCO_2e$，是先前估计的四倍，约占全球温室气体排放量的 8%，其中，交通、购物和餐饮的贡献度最高。研究预计，由于旅游产业的高碳强度和持续增长，旅游产业将成为世界温室气体排放的重要增长部分[15]。

2. 中国全域旅游发展研究

丰晓旭在总结分析全域旅游内涵的基础上，构建了包含产业域、空间域和管理域三个维度的指标体系，采用主成分＋熵值法综合确定权重，对我国 31 个省（市、区）的全域旅游发展水平进行了评价。他认为，产业高质量发展、完善的空间设施共享和综合治理创新是推进全域旅游发展、促进区域旅游产业转型升级的重要内容，在此基础上，要鼓励区域旅游产业统筹协调发展[16]。赵传松以 1996—2015 年中国旅游业与区域发展相关数据为依据，运用熵值法和耦合协调度模型分析旅游业和区域发展的综合发展水平及耦合协调程度，并运用 GM（1，1）灰色预测模型对未来 5 年中国旅游业与区域发展耦合协调度进行预测[17]。石培华以中国 60 个重点旅游城市为研究样本，选取 2009—2018

年的面板数据，运用双重差分法评估了实施全域旅游示范区对于地区经济发展的影响，并结合路径分析探究创建全域旅游示范区对于地方经济发展的影响路径[18]。

3. 我国省域全域旅游发展研究

石斌以陕西省为例，从消费结构变化、政府引导、市场竞争、技术进步与创新、企业对利润的追求等五个方面分析了乡村旅游转型升级的动因。据此，基于全域旅游的新视角提出了乡村旅游转型升级的路径：积极推进产业融合，培育旅游新业态；加强供给侧结构性改革，打造旅游综合体；发挥科技引领作用，推进智慧旅游建设；改革旅游管理体制，创新旅游治理机制；完善乡村基础设施，优化旅游环境；"创客"驱动，提升旅游服务质量[19]。李秋雨以全域旅游为研究视角，对吉林省旅游业－经济－社会－生态环境间协调性进行了分析，研究认为旅游业系统和经济系统对协调发展的障碍度较大，生态环境系统对协调发展的障碍度最小，人口增长率、GDP增长率、国内旅游收入、旅游总收入和A级景区数量是阻碍吉林省旅游业－经济－社会－生态环境协调发展的主要因素[20]。刘姗在全域旅游背景下构建了旅游城镇化响应系数，对我国西部12个省份2000—2018年旅游城镇化响应强度进行测量，分析其时空演变特征，结合面板数据剖析其影响机制，结果表明，省域经济水平和投资强度存在协整关系，旅游资源的作用存在两面性，省域经济水平具有显著的正向关系，省域投资强度的作用不太显著，交通条件存在一定的负向关系[21]。

4. 我国市域全域旅游发展研究

姜雪以黑龙江省宁安市为例，从系统性、连通性及层级性3方面解析现状绿道网络空间，利用复杂网络分析确定生态、文化、游憩、产业等网络节点、连接关系及辐射范围等组织形式，结合GIS平台完成绿道网络资源筛选、评价、模拟、优化绿组织，从"绿道网络＋全域旅游"角度提出规划构建实施机制[22]。赵楠对安徽省亳州市的研究结果表明，亳州市具备优良的地热资源、湖泊资源、中草药资源等生态资源，因此，应当在当前全域旅游的背景之下，构建"点－线－面"融合发展的空间旅游系统，推动全域旅游格局的形成[23]。胡海燕针对旅游产品这一领域，在全域旅游视角下，研究了拉萨市旅游产品创新性开发，在阐明拉萨市全域旅游发展基本理念及核心目标的基础上，分析了单项旅游产品及综合旅游产品创新性开发的资源背景、创新项目及开发路径，并提出了拉萨市旅游产品创新性开发的保障机制[24]。

1.3.1.5　全域旅游的意义

刘呈艳认为开展全域旅游是旅游产业结构转变的战略理念,目前,中国旅游业的发展存在一定的问题,主要是从单一的观光旅游到多元的休闲度假旅游的转型升级还不够。全域旅游可以让旅游目的地所有利益相关者从不同的角度合理整合旅游目的地资源(土地、水资源、文化历史、劳动力和资本、知识和智慧等),以及通过促进不同产业之间的融合来促进休闲度假目的地的发展[25]。张婷结合建设运动休闲小镇的案例,认为发展全域旅游能够推动产业结构升级,拓宽体育产业的进步空间,推动经济融合发展,激发"体育+旅游"的消费活力,推动旅游资源建设,提高居民生活的幸福指数[26]。

1.3.1.6　全域旅游与旅游扶贫

张玉改在探讨全域旅游反贫困对辽宁省乡村振兴的影响的基础上,分析了乡村振兴战略背景下辽宁省全域旅游反贫困做出的成绩,构建了辽宁省全域旅游反贫困的路径。一是放宽政策,不断落实扶贫帮困措施;二是借助冰雪旅游推动农民发展富民产业;三是加大对旅游贫困地区基础设施建设的投入力度;四是打造县域旅游资源文化优势,紧抓创收机遇;五是加强全域旅游营销促进经济发展,防止返贫[27]。杨爽在分析四川涉藏工作区全域旅游扶贫存在问题的基础上,提出了旅游扶贫对策。一是构建全域旅游视角下的四川涉藏工作区旅游扶贫机制,二是构建四川涉藏工作区全域旅游目的地体系,三是优化四川涉藏工作区旅游扶贫配套服务建设,四是做强四川涉藏工作区旅游扶贫产业支撑,五是完善四川涉藏工作区旅游利益分配机制,六是重视对四川涉藏工作区旅游扶贫基底的保护,七是激发四川涉藏工作区贫困户参与旅游的积极性[28]。邹勇文以玉山县为研究地,构建了玉山县全域旅游与旅游扶贫之间的变量体系,对玉山县全域旅游与旅游扶贫的多元回归因子进行定量分析,结果表明,玉山县全域旅游与旅游扶贫耦合深度有待加强,全域旅游与旅游扶贫产生的利益分配不均,全域旅游与旅游扶贫存在急功近利现象[29]。张娜以甘肃为例,对全域旅游与旅游扶贫进行了定性的耦合研究,她认为,全域旅游与旅游扶贫的耦合十分重要,作为一项庞杂的系统化实施工程,在具体部署发展过程中,应当进一步加强政策指导,筹措金融支持,优化产业结构,从而实现区域旅游经济增长,提高贫困户自主脱贫的能力[30]。

1.3.2 旅游产业融合

1.3.2.1 旅游产业融合的概念

厘清概念是对某一领域进行研究的基础性问题，我国较早关注旅游产业融合的学者是徐虹，她认为旅游产业融合是指在开放的旅游产业系统中，构成产业系统的各要素的变革在扩散中引起不同产业要素之间相互竞争、协作与共同演进而形成一个新兴产业的过程，其外延包括了技术融合、企业融合、产品融合、市场融合、制度融合等[31]。张凌云认为旅游产业融合通常是指与其他产业之间或旅游产业内不同行业之间相互渗透、相互交叉，最终融合为一体，逐步形成新产业的动态发展过程。一般分为产业渗透、产业交叉和产业重组三种类型[32]。程锦认为旅游产业融合是旅游产业与其他产业或者旅游产业内部不同行业之间发生相互渗透、相互关联，最后形成新的产业的过程。旅游产业的融合有两种方式，一种是旅游业与其他服务业的融合，也包括旅游业六要素之间的融合；另一种是旅游业与非服务业，即与第一、第二产业的融合[33]。

1.3.2.2 旅游产业融合的动力

动力是推动旅游产业融合的关键因素。吴健将旅游产业融合的动力分为根本动力、直接动力和催化动力，其中，根本动力为旅游消费需求的改变，直接动力为技术进步的加快，催化动力为政府制度环境的优化[34]。高凌江认为旅游产业融合的动力包括旅游需求的拉动力、旅游企业的内在驱动力、技术创新的推动力和外部环境的影响力[35]。江金波通过对佛山陶瓷产业与旅游产业融合发展的研究，将旅游产业融合的主要动力因素分为内部动力和外部动力，其中内部动力因素来自两个产业的内部及其相关行业组织，主要包括企业战略、成本效益、融合的适配度、行业组织扶持等。外部动力因素来自市场竞争、旅游需求、政府支持和技术水平等。内部和外部的8大动力因素，共同作用于旅游产业融合，构成旅游产业融合的动力系统[36]。

1.3.2.3 旅游产业融合的模式

王敏根据河北省乡村文化和旅游融合的现状，提出了延展型、创新型以及主推型融合模式，认为应选择相适应的融合模式，最终实现文旅融合协调发展[37]。陆蓓从旅游产业融合的内在机理分析，依据中国旅游产业融合现有的实践基础，总结出旅游产业融合的四种具体模式，具体包括技术渗透、资源共用、市场共拓和功能附属融合模式[38]。何琼以铜梁文化创意产业与旅游产业融合发展为具体研究对象，认为文化产业与旅游产业的融合模式包括以文化创意博物馆为主的渗透模式、以演艺活动为主的延伸模式和以安居古城为主的产业一体化模式[39]。

1.3.2.4 旅游产业融合的路径

1. 旅游＋文化

汪永臻在分析西北地区文化产业与旅游产业发展现状的基础上，采用耦合度模型，实证分析了2004—2016年文化产业与旅游产业的耦合协调程度，研究认为西北地区要重视借助文化产业发展平台，强化对旅游产业发展的扶持，最终达到两个产业的耦合协调发展的目标[40]。范建华通过对我国文化产业和旅游产业的历史发展过程的梳理与相互间学科理论关系的诠释，阐释了两个产业深度融合的体制机制[41]。方忠对福建省2010到2015年文化产业与旅游产业的耦合关系进行了实证研究，结果表明，近些年福建省文化产业和旅游产业的耦合发展虽已达到相对联动的耦合发展阶段，但整体协调效应仍较低，互动联系有待进一步加强[42]。

2. 旅游＋体育

金媛媛在分析我国体育产业与旅游产业融合的现状、存在问题的基础上，提出促进体育产业和旅游产业共享共建、促进体育旅游规范化发展等五个方面的建议[43]。周平通过对内蒙古那达慕节庆体育活动的分析，提出三个体育产业与旅游产业融合的路径：培育市场，增强融合发展根本动力，解除需求障碍；把握政策规制，创造良好融合平台；提升旅游企业核心能力，加强科学技术的应用[44]。李燕在剖析京津冀全域体育旅游发展基础及存在的问题的基础上，提出了政府引导－政策协同、市场运作－资源统筹、企业对接－产业协同、社会参与－供需匹配等四条体育产业与旅游产业协同发展的路径[45]。

3. 旅游＋农业

乌兰在理论研究的基础上，提出了促进休闲农业与乡村旅游协同发展的对策建议，一是积极培育和扶持多元化新型经营主体；二是对农旅产业协同进行统一规划和部署；三是加强政府的引导和服务职能；四是打好地方文化牌，狠抓品牌创建和宣传推广活动[46]。方世敏分析了农业与旅游产业融合系统的耗散特征，采用基于主成分的序参量识别模型，建立了农业与旅游产业融合系统演化方程，在此基础上，对我国农业与旅游产业2003—2011年融合系统演化进行了实证分析[47]。林罕在产业融合理论视角下，提出了山区旅游＋农业的发展路径，一是科学规划、合理布局，二是建立完善的旅游农业生产体系，三是建立完善的旅游型农产品精加工与营销体系，四是建立完善的市场开发与营销体系，五是建立和完善旅游服务配套基础设施[48]。

4. 旅游＋工业

熊花认为，近年来，工业旅游逐渐成为一个极具活力的新增长点，代表着旅游业未来的发展方向，因此，要充分发挥工业资源丰富的优势，从提高认识、突出特色、挖掘看点、整合营销、规范管理等方面着手加快发展工业旅游，助推我国旅游产业转型升级和提质增效[49]。马文斌以宝钢工业旅游项目为例，分析了旅游＋工业的现状及前景，提出了旅游＋工业的开发建议，一是相关产业的企业首先要高度重视，形成发展理念；二是在充分利用企业现有资源的基础上，加大"游"的资源开发力度，形成"游"与"看"相辅相成、相互支撑的工业旅游格局；三是发挥科技优势，改善旅游基础设施和服务条件；四是加强从业人员培训，建立一支多层次、懂管理、有技术的旅游从业人员队伍[50]。唐健雄以联动理论为核心理论，运用GIS空间分析技术与理论，从空间集聚视角切入，分析在不同尺度下工业旅游、农业旅游与等级景区和三种资源综合时的联动可行性，以探索出湖南省各市基于工业旅游的最佳旅游联动方式[51]。

5. 国外旅游产业融合的路径研究

Alessandro对坦桑尼亚旅游＋农业的研究表明，旅游业和农业对坦桑尼亚的当地发展具有重要的贡献，但是，农业中的园艺供应链面临许多制约因素，阻碍了增长和竞争力，无法进入当地旅游业，制约因素主要为缺乏直接的沟通渠道以及供应链的效率低下[52]。Tiberghien探讨了新游牧文化作为哈萨克斯坦旅游业发展的品牌文化，基于对两个生态文化旅游案例的研究，分析了利益相关者对游牧文化几个遗产维度真实性的看法，他认为，在哈萨克斯坦当代和传统相结合的游牧文化的基础上构建"真实的"旅游产品和体验，可以使当地利益相关者在后苏联时代重申其领土和文化特征，并在国际上促进同类旅游中对生态文化旅游实践的认可[53]。

在旅游产业融合对利益相关者的影响方面，Torres通过对墨西哥尤卡坦半岛和坎昆酒店旅游产业利益相关者的调查，分析旅游业与农业之间的联系，研究认为该地区旅游业与农业之间的联系薄弱，应采取一系列的措施，加强旅游＋农业的全面发展[54]。Naidoo评估了1998至2013年纳米比亚77个社区自然保护区的旅游业和狩猎活动所带来的财务和实物收益，研究采用每年从所有公共保护区收集的数据来研究经济收益是来自狩猎还是旅游。研究认为，在所有保护区中，狩猎业和旅游业的总收益以大致相同的速度增长，但是狩猎业和旅游业经济收益开始的时间不同，对狩猎或旅游业的单一关注会降低野生生物作为一种有竞争性的土地利用选择的价值，并对纳米比亚乃至非洲其他地区基于社区的保护工作的可行性产生严重影响[55]。

1.3.2.5 "旅游－经济－社会－环境"协同发展

李永平通过构建旅游产业、区域经济和生态环境协调发展评价指标体系，引入耦合协调度模型，山西省 2010—2014 年产业间协调发展进行量化分析[56]。单晨在构京津冀"旅游产业－区域经济－社会事业"协调发展评价指标体系的基础上，利用耦合协调度模型，对京津冀三地 2004—2017 年旅游产业－区域经济－社会事业的协调发展水平进行定量分析，最后采用灰色关联分析对旅游产业－区域经济－社会事业协调发展的影响因素进行研究[57]。

国外学者方面，Tugcu 对通过搜集 1998—2011 年期间的面板数据，采用格兰杰因果关系检验地中海地区的欧洲、亚洲和非洲国家旅游产业与经济增长的关系进行了研究，结果表明，旅游产业与经济增长之间因果关系最显著影响因素为国家政策和旅游资源，而且欧洲国家对地中海地区旅游资源的利用度最高[58]。Geneletti 利用地理信息系统（GIS）建模和遥感图像对印度喜马拉雅山拉达克地区旅游业与环境的协同发展进行了量化研究，结果表明旅游业对拉达克的中部和东南部地区的环境影响明显，协同发展程度较低[59]。Croes 以波兰为例，探讨了转型经济中旅游专业化对经济成长、对人类发展的影响，认为旅游专业化对经济增长具有短期影响，对人类发展存在负关系的影响，同时，人力资本在经济增长和人的发展的关系中呈现出一个 U 形的格局[60]。

1.3.3 研究述评

全域旅游与旅游产业融合是相关行业组织、非营利机构以及学者的研究热点领域之一，学者们对全域旅游与旅游产业融合的内涵与外延、发展模式、发展路径和评价方法等进行了大量研究，取得了丰硕的成果。纵观研究现状，本研究认为还存在以下不足：

1. 研究深度可以更进一步

全域旅游是包含经济因素、社会因素、生态因素在内的复杂系统，国内外学者关于全域旅游的研究普遍经历了从定性的理论研究到定量的实证研究的发展阶段。虽然国内外学者从不同的角度、不同的层次、不同的交叉学科对全域旅游进行了系列研究，但仍然有大量文献仅仅是针对大旅游学的旅游体系研究，停留在就旅游而研究旅游的层面。全域旅游作为经济建设、政治建设、文化建设、社会建设和生态文明建设五位一体发展的重要抓手，在研究过程中应主动融入经济、政治、文化、社会、生态等各学科研究，形成系统的研究模式。

2. 动态研究较少

关于旅游产业融合水平的研究，国内外学者建立了多样性的静态评价模型，对某一旅游地、旅游地区、旅游城市等的旅游产业融合水平进行了某一时间节点的研究，而旅游产业融合受经济、社会、环境等诸多因素的影响，处于不断发展变化中，如果仅仅研究某一时间节点的数据则无法全面反应研究区域的发展水平。因此，应加入时间序列数据，动态地、全面地反映研究区域的旅游产业融合发展水平，从而有针对性地提出可持续发展的建议。

3. 评价方法较为单一

全域旅游发展水平、旅游产业融合发展水平评价是该领域的研究重点之一。国内外学者就如何评价研究区域全域旅游发展水平、旅游产业融合发展水平，主要采用的是构建一套指标体系，采用层次分析法、德尔菲法、熵值法、因子分析法、模糊综合评价、灰色预测等方法进行指标权重确权以及水平测定，大多数研究数据均为二手数据，缺乏采用田野调查方法、半结构访谈方法、深入访谈方法等获得的一手数据作为研究支撑，同时，大量文献采用单一的研究方法进行研究，定量研究不够深入。

1.4 研究内容与技术路线

1.4.1 研究内容

本研究以共生理论为核心理论，首先系统梳理国内外学者关于全域旅游和旅游产业融合的研究进展，其次对相关概念及理论基础进行详细阐释，接着构建评价指标体系，以四川省成都平原经济区为例，对其"旅游-经济-社会-环境"协同发展水平现状进行综合测度。在此基础上，探索"旅游-经济-社会-环境"协同发展的特征与机制，最后根据理论研究与实证研究结果探寻成

都平原经济区"旅游－经济－社会－环境"协同发展的路径，各章具体安排
如下：

第一章：绪论。本章主要阐述研究的背景、目的与意义，全面梳理国内外
学者关于全域旅游和旅游产业融合的研究进展。在此基础上，找出此领域研究
存在的不足，抓准本研究的着力点。同时，本章阐述本研究的主要内容、研究
方法、技术路线、研究框架等方面内容。

第二章：相关概念及理论基础。本章首先分析全域旅游和协同发展的概
念，包括概念的内涵、意义等，其次对本研究的核心理论——共生理论，以及
相关理论——可持续发展理论、系统理论、耦合协调理论等进行详细阐释，夯
实本研究的理论基础。

第三章：评价指标体系构建及评价方法。本章在明晰构建指标体系总体思
路的基础上，按照科学性原则、全面性原则和可获取性原则分别初步构建成都
平原经济区"旅游－经济－社会－环境"综合发展水平评价指标体系，经征询
专家意见，有针对性地对指标体系进行修改和完善，形成适用于本研究的指标
体系。根据本研究的实际情况，选取多指标综合评价法作为评价方法，并对评
价方法的基本原理和具体计算步骤进行了详细的说明。具体步骤为：指标无量
纲化、层次分析法赋权、熵值法赋权、层次分析法＋熵值法综合赋权、综合
评价。

第四章：成都平原经济区"旅游－经济－社会－环境"综合发展水平综合
评价。本章在搜集、整理成都平原经济区 2018 年"旅游－经济－社会－环境"
综合发展相关指标数据的基础上，首先对数据进行无量纲化，使其具有可比
性，其次采用主观的层次分析法和客观的熵值法分别对各指标进行赋权，然后
综合主客观权重对各指标权重进行优化，以提升指标权重的科学性和合理性。
在此基础上，对成都平原经济区"旅游－经济－社会－环境"综合发展水平现
状进行了评价。

第五章：成都平原经济区"旅游－经济－社会－环境"相互作用及协同发
展关系研究。本章构建了成都平原经济区"旅游－经济－社会－环境"耦合协
调度模型并对耦合协调度评价标准及发展阶段进行阐释。然后，对成都平原经
济区"旅游－经济－社会－环境"耦合协调发展水平进行测度并详细分析其所
处的耦合协调阶段。

第六章：成都平原经济区"旅游－经济－社会－环境"协同发展的路径。
根据理论研究与实证研究结果，本章从以下五个方面探寻成都平原经济区"旅
游－经济－社会－环境"协同发展的路径：做强成都极核和主干功能，充分发

挥辐射引领带动作用；依托成渝双城经济圈，打造旅游发展新增长极；加强基础设施互联互通，畅通资源要素流动渠道；共建共享，打造基本公共服务共同体；加强生态文明建设，行绿色化发展之路。

1.4.2　技术路线

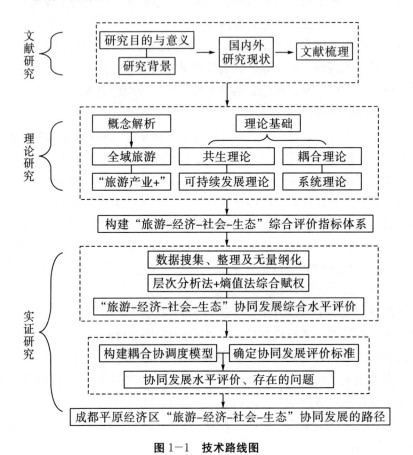

图 1-1　技术路线图

1.5　研究方法

1.5.1　文献研究法

通过广泛搜集、整理和分析国内外关于全域旅游、旅游产业融合相关的文献，梳理国内外学者的研究进展，包括研究的起点、发展、现状及演变趋势、研究的主题、重点领域等，通过对文献的梳理，为本研究整体思路的形成、研究框架的确定提供坚实的文献支撑。

1.5.2 定性分析法

定性的理论分析旨在理顺研究的整体思路与逻辑，确保研究的基础坚实可靠。本研究在大量文献研究的基础上，对全域旅游和旅游产业融合的概念进行界定，对本研究的核心理论——共生理论，相关理论——可持续发展理论、系统理论、耦合协调理论等进行详细的阐释，奠定研究的理论基础。

1.5.3 定量分析法

在定性分析的基础上，根据本研究的理论基础以及研究框架：采用层次分析法、熵值法综合确定各指标权重；采用多目标综合评价的方法，对研究区域的"旅游－经济－社会－环境"综合发展水平现状、空间格局进行分析；通过构建耦合协调度模型，对研究区域"旅游－经济－社会－环境"的耦合协调发展水平进行测度。

第二章　相关概念及理论基础

2.1　相关概念

2.1.1　全域旅游

2.1.1.1　全域旅游的概念

全域旅游是产业融合发展理论在旅游领域的具体应用，是将区域整体作为旅游目的地发展的新理念和新模式。2016 年，在全国旅游工作会议上，国家旅游局前局长在主题为《从景点旅游走向全域旅游，努力开创我国"十三五"旅游发展新局面》的报告中提出，进入新的发展时期，贯彻落实十八届五中全会提出的五大发展理念，必须转变旅游发展思路，变革旅游发展模式，创新旅游发展战略，加快旅游发展阶段演进，推动我国旅游从"景点旅游"向"全域旅游"转变。

2016 年以来，政府部门及学者们对全域旅游开展了诸多研究，其中关于全域旅游的概念界定较为权威的是北京第二外国语学院厉新建教授提出的，全域旅游是指，各行业积极融入其中，各部门齐抓共管，全城居民共同参与，充分利用目的地全部的吸引物要素，为前来旅游的游客提供全过程、全时空的体验产品，从而全面地满足游客的全方位体验需求[4]。

2.1.1.2　全域旅游的内涵

全域旅游与传统旅游截然不同，全域旅游将区域视为一个整体进行布局谋划，通过发展全域旅游，将旅游贯穿区域全要素、全行业、全过程和全方位，实现旅游景观全域优化、旅游服务全域配套、旅游治理全域覆盖、旅游产业全域联动和旅游成果全民共享。四川大学旅游学院杨振之教授提出，全域旅游的核心内涵是在旅游资源富集地区，以旅游产业为主导或引导，在空间和产业层面合理高效优化配置生产要素，以旅游产业来统筹引领区域经济发展，持续增强区域竞争能力的创新模式；全域旅游也是对"创新、协调、绿色、开放、共享"五大发展理念的贯彻落实，从区域社会经济发展的全局高度，明确旅游业的战略地位和社会价值[61]。

2.1.1.3 全域旅游的意义

1. 全域旅游能够有效整合各产业，推动区域全面发展

传统的旅游产业主要为单一发展模式，与地区各产业的融合度不高，而旅游产业是天然具有产业融合度极高这一特点的产业。以旅游产业为基础，结合其他相关产业，发展"旅游+"，能够有效整合各产业，推动区域社会经济又快又好地发展。

2. 全域旅游能够加快旅游产业的发展

近年来，传统的旅游产业发展趋势下降，因此，有必要创新发展理念，引入发展新路径。旅游产业的发展不断突破其所在领域，旅游管理也不是某个单一政府部门能够完全承担的管理，全域旅游的提出，契合了这一发展观。通过发展全域旅游，加快旅游产业的发展，加速旅游管理体制的变革。

3. 全域旅游能够有效平衡旅游供给与需求

随着社会经济的发展，人民群众对旅游形式、方式等的需求日益上升，单一的旅游产业已无法满足人民群众的需求，只有发展全域旅游才能够有效平衡旅游供给与需求。通过发展全域旅游，融合区域内各产业与旅游产业，促进各产业发展提质增效，增强供给从而满足游客的旅游需求。

2.1.2 协同发展

"协同发展"由"协同学"发展而来，"协同"的概念最早应用于自然科学，特别是物理学、生物学等，后来逐渐引入管理学，成为管理学的重要理论基础。协同学由德国理论物理学家赫尔曼·哈肯于20世纪70年代提出。哈肯对协同学的定义为：协同学是一门横断学科，它研究系统中子系统之间是怎样合作以产生宏观的空间结构、时间结构或功能结构的。它既处理确定过程又处理随机过程。

1. 序参量

各子系统原为独立运动，系统呈现无序状态。随着控制参量的不断变化，

各子系统之间关联度上升，最终发展为关联运动。序参量便是系统相变前后所发生的质的飞跃的最突出的标志，它表示着系统的有序结构和类型，它是所有子系统对协同运动的贡献总和，是子系统介入协同运动程度的集中体现。序参量来源于子系统间的协同合作，同时序参量又起着支配子系统行为的作用。子系统之间的协同合作产生宏观的有序结构，这就是"协同"的第一层含义。序参量之间自动形成妥协，它们合作起来协同一致地控制系统，系统的宏观结构由几个序参量共同来决定。此时，序参量之间的协同合作决定着系统的有序结构，这是"协同"的第二层含义[62]。

2. 绝热消去原理

绝热消去原理是构建序参量方程的基本方法，即寻找慢弛豫参量的演化方程。使用绝热消去原理可以把难以胜数的偏微分方程组化为个或几个序参量方程，使原来难于求解或者无法求解的问题变得简单明了，并且使临界过程的物理内容也显得清楚明了，这是协同学处理方案中强有力的一着[62]。

3. 自组织

自组织理论是协同学的核心理论。系统在不断相互作用、相互融合的过程中，外部环境并不一定发生变化，而是系统内部不断自行组织，并通过各种形式的信息反馈来控制和强化着这种组织的结果。从子系统的角度来说，控制参量的变化，起着改变子系统之间关联强弱和改变子系统独立运动与协同运动的相对地位的作用[62]。

2.2 理论基础

2.2.1 共生理论

2.2.1.1 共生理论的概念

共生（Symbiosis）一词的起源与旅游、社会、经济毫无关系，其来源于生物学。19世纪70年代，德国生物学家德贝里（Anton de Bary）提出了共生的概念，认为共生是不同种属的生物生活在一起，在此定义下，寄生、腐生、共存等现象都可以理解为共生。其后，学者们在德贝里的基础上，不断丰富、拓展"共生"的概念。随着学者们研究共生理论的深入，生物学以外的经济学者、政治学者和社会学者等，纷纷引入共生理论，至20世纪60年代，共生理论被引入政治学、经济学、社会学、管理学、人类学和生态学等领域的研究中。

2.2.1.2　共生要素与共生模式[63]

共生要素是构成共生体的基本单位，各要素相互作用、相互影响、共同决定共生体的发展方向，但不同的共生体影响力强弱不同，由此产生的共生模式也不同。从组织模式区分，可分为点共生模式、间歇共生模式、连续共生模式和一体化共生模式；从行为模式区分，可分为寄生、偏利共生、非对称性互惠共生和对称性互惠共生。详见表2—1和表2—2。

表2—1　共生组织模式要素对比

	点共生模式	间歇共生模式	连续共生模式	一体化共生模式
概念	1. 在某一特定时期，共生单元具有一次相互作用； 2. 共生单元只有某方面发生作用； 3. 具有不稳定性和随机性	1. 某种时间间隔，共生单元之间具有多次相互作用； 2. 共生单元只在某一方面或少数方面发生作用； 3. 共生关系有某种不稳定性和随机性	1. 在一封闭时间区间内共生单元具有连续的相互作用； 2. 共生单元在多方面发生作用； 3. 共生关系比较稳定且具有必然性	1. 共生单元在封闭的时间区间内形成具有独立性质和功能的共生体； 2. 共生单元存在全方位的相互作用； 3. 共生关系稳定且具有内在必然性
共生界面特征	1. 界面生成具有随机性； 2. 共生介质单一； 3. 界面极不稳定； 4. 共生专一性水平低	1. 界面生成既有随机性也有必然性； 2. 共生介质较少，但包括多种介质； 3. 界面较不稳定； 4. 共生专一性水平较低	1. 界面生成具有内在必然性和选择性； 2. 共生介质多样化且互补性； 3. 界面比较稳定； 4. 均衡时共生专一性水平较高	1. 界面生成具有方向性和必然性； 2. 共生介质多元化且存在特征介质； 3. 界面稳定； 4. 均衡时共生专性水平高
开放特征	对内开放度较低，对外开放程度较高，共生单元更依赖于环境	对内开放度和对外开放度相当，共生单元有时依赖环境，有时依赖共生关系	对内开放度高于对外开放度，共生单元更多地依赖共生关系	对内开放度远远高于对外开放度，共生单元主要依赖共生关系
共生进化	1. 事后分工； 2. 单方面交流； 3. 无主导共生界面	1. 事中事后分工； 2. 少数方面交流； 3. 无主导共生界面	1. 事中、事后分工； 2. 多方面交流； 3. 可能形成主导共生界面	1. 事前分工为主，全线分工； 2. 全方位交流
分配特征	共生组织行为模式的分配特征取决于共生行为模式：1. 寄生关系中，不存在共同的物质或能量生产和交换，表现为寄主向寄生者单方面的物质或能量转移；2 偏利共生关系中，共生单元之间存在共同的物质或能量生产和交换，但物质或能量分配完全集中于某一方，另一方没有损失；3. 非对称性共生关系中，共生单元之间不仅存在共同的物质和能量生产和交换过程，而且存在非对称性的物质和能量分配；4 对称性共生关系中，共生单元之间以共同的物质或能量的生产和交换为基础，同时存在共生单元之间对称性的物质或能量分配			

表 2-2 共生行为模式要素对比

	寄生	偏利共生	非对称性互惠共生	对称性互惠共生
共生单元特征	1. 一般而言寄主在形态上大于寄生者; 2. 同类单元亲近度要求高; 3. 异类单元只存在单向关联	1. 形态方差可以较大; 2. 同类单元亲近度要求高; 3. 异类共生单元存在双向关联	1. 形态方差较小; 2. 同类单元亲近度存在明显差异; 3. 异类共生单元之间存在双向关系	1. 形态方差趋近于 0; 2. 同类单元亲近度相同或相近; 3. 异类共生单元之间存在双向关联
共生能量特征	1. 不产生新能量; 2. 存在寄生向寄生者能量转移	1. 产生新能量; 2. 一方获得全部新能量,不存在新能量的广普分配	1. 产生新能量; 2. 存在新能量的广普分配; 3. 广普分配按非对称机制进行	1. 产生新能量; 2. 存在新能量的广普分配; 3. 广普分配按对称机制进行
共生作用特征	1. 寄生关系并不一定对寄主有害; 2. 存在寄主与寄生者的双边单向交流机制; 3. 有利于寄生者进化,而一般不利于寄主进化	1. 对一方有利而对另一方无; 2. 存在双边双向交流; 3. 有利于获利方进化创新,对非获利方进化无补偿机制时不利	1. 存在广普的进化作用; 2. 不仅存在双边双向交流,而且存在多边多向交流; 3. 由于分析机制的不对称性,导致进化的非同步性	1. 存在广普的进化作用; 2. 既存在双边交流机制,又存在多边交流机制; 3. 共生单元进化具有同步性

共生模式随着共生阶段的变化而变化,共生模式受共生各要素之间的相互作用影响。当共生要素相互作用形式或关系发生变化时,原共生模式随即改变,形成适应新环境的新模式。

2.2.2 可持续发展理论

2.2.2.1 可持续发展的含义

可持续发展是随着人类生产力发展,社会经济、科学技术的高速发展,人口的爆炸性增长,人类与自然环境的矛盾加剧必然产生的一种发展理念。1972年,瑞典首都斯德哥尔摩举行的第一次联合国人类环境大会上,提出了人类面临的多方面的环境污染和广泛的生态破坏,把环境与持续发展问题提到国际议事日程,大会通过的《联合国人类环境宣言》,为可持续发展理论的形成奠定了基础。1980 年,国际自然资源保护同盟受联合国环境规划署的委托起草,并经有关国际组织审定,发布的《世界自然保护大纲》第一次明确提出了可持续发展的概念。1987 年,世界环境与发展委员会(WCED)向联合国提交的《我们共同的未来》报告中,全面分析了全球人口、粮食、物种和遗传资源、能源、工业和人类居住等方面的情况，并系统探讨了人类面临的一系列重大经济、社会和环境问题，在此基础上，正式提出了可持续发展的概念："既满足当代人的各种需要，又保护生态环境，不对子孙后代的生存和发展构成危害的发展"。这一概念的提出是可持续发展的里程碑。

1992 年 6 月，来自 183 个国家的代表团和联合国及其下属机构等 70 个国际组织代表出席了在巴西里约热内卢召开了联合国环境与发展大会，通过了《里约热内卢环境与发展宣言》（简称《里约宣言》和《21 世纪议程》两个纲领性文件，对可持续发展的认识又提高到一个崭新的阶段，大会强调把人放在可持续发展的中心，与环境协调发展，建立经济、社会、资源与环境相协调的新型发展模式，大会将可持续发展进一步阐述为"人类应享有以自然和谐的方式过健康而富有生产成果的生活的权利，并公平地兼顾当代和后代在发展和环境方面的需求"[64]。

2002 年，在南非约翰内斯堡召开了可持续发展第二次会议，对《里约宣言》《21 世纪议程》和其他一些重要环境公约的执行情况进行了全面审议，进一步提出可持续发展是世界各国共同面临的重大而紧迫的任务，社会进步与经济发展必须与保护环境、生态平衡相一致，才能提高人类的生活质量和水平，促进人类社会的共同繁荣[65]。进入二十一世纪后，随着社会经济的进步、科学技术的发展以及自然环境在部分地区的逐步恶化，全球各国愈发重视可持续发展，逐步将可持续发展战略上升为国家发展战略，通过在发展经济时实行绿色经济、生态经济、低碳经济等发展措施，逐步实现可持续发展。

2.2.2.2　可持续发展的内涵

可持续发展是一个综合概念，是经济、社会、资源、环境和人口等方面的协调发展，其核心内容是强调人与人之间的和谐相处，人与自然的协调发展。可持续发展主要包括经济可持续发展、社会可持续发展和生态可持续发展：

1. 经济可持续发展

经济可持续发展是可持续发展的首要任务，可持续发展是对现有经济发展方式的反思。发展经济，不断改善人类的生活质量，是人类发展的目标，也是可持续发展的目标。可持续发展把经济发展和消除贫困作为重要的目标和最优先考虑的问题，因为经济落后所带来的贫困现象削弱了可持续利用自然资源的能力。经济可持续发展，不仅重视经济数量上的增长，更追求质量的改善和效益的提高，通过改变高投入、高消耗、高污染的传统生产方式，积极倡导清洁生产和适度消费，以减少对环境的压力，最终改善人类的精神和物质生活[66]。

2. 社会可持续发展

社会可持续发展是可持续发展思想的核心。人类倡导可持续发展，最终目的为推动由人类所组成的人类社会达到可持续发展，而实现这一目标的基础则是经济可持续发展，也即是说，经济可持续发展和社会可持续发展两者互为补充，缺一不可，只有经济可持续发展了，社会才能可持续发展，反之亦然。由于全球各地区的社会经济发展水平不同，因此各地区所处的发展阶段以及现阶段的发展目标有所不同。但不论所处为何阶段，现阶段发展目标为何，社会可持续发展的核心要义在于提高人类的生活水平、健康水平，促进社会和谐，推动社会进步。

3. 生态可持续发展

生态可持续发展包括资源可持续利用与环境保护两方面。首先，根据自然资源的特点，做到尽可能地保护不可再生资源，并在保护过程中，努力寻找各种可以替代的资源类型；再生资源则考虑使其更新速度与资源的使用速度之间达到平衡，避免过度开发。其次，人类开发利用自然环境时，应保障开发利用的强度和排放的废弃物不超过自然环境的承载能力，既能满足人类对物质、能量的需要，又不破坏自然环境，从而实现循环发展，不断地产生经济效益、社会效益、生态效益。

2.2.2.3 可持续发展的原则

1. 共同性原则

人类生活在同一个地球，地球的整体性和相互依存性决定了全球必须紧密联合以应对全球气候变暖等全球的共性问题，而这类问题单靠某一个国家是难以解决的，必须进行国际合作，共同努力才有可能解决。在国际合作的过程中，需要在尊重各国主权和利益的基础上，制定各国都可以接受的全球性目标和政策。只有全人类共同努力，才能实现可持续发展的总目标，从而将人类的局部利益与整体利益结合起来。

2. 持续性原则

持续性是可持续发展的内在要求，由于自然资源与自然环境的限制，人类的经济活动和社会发展必须保持在资源和环境的承载能力之内，从而保持发展的持续性。在开发利用自然资源时，人类应通过发展科学技术，做到不可再生资源的合理利用、可再生资源的永续利用，最终真正将人类的当前利益与长远利益有机结合。

3. 公平性原则

公平性包括代际公平与代内公平。代际公平指人类及子孙后代都处于同一生存空间——地球，各代人对这一空间中的自然资源和环境拥有同等权利，而这些自然资源和环境容量都是有限的，本代人应合理利用自然资源，做到既满足当代人的需要，又不损害后代的发展能力。代内公平指人与人、国与国、人与其他生物种群都是平等的，对自然资源与环境而言，各方享有同等的权利，各国有权根据需要开发本国自然资源，同时确保不对其他国家的环境造成损害，即不应以损害其他地区的发展为代价，同时，人类的发展不应该危及其他物种的生存，在这一原则的理念下，国际社会将消除贫困作为可持续发展进程中优先考虑的问题。

2.2.3　系统论

2.2.3.1　系统论的产生与发展

系统一词源于希腊语，是由相互联系、相互制约的若干部分结合在一起组成的具有特定功能的整体，具有整体性与统一性。系统论是研究系统的结构、特点、行为、动态、原则、规律以及系统间的联系，并对其功能进行数学描述的一门学科[67]。系统论的理念由来已久，但作为一门科学的系统理论，学术界公认的是由奥地利学者贝塔朗菲所创立的。1925 年英国数理逻辑学家、哲学家怀海特出版了《科学与近代世界》一书，提出要用机体论代替机械论，他认为自然现象的最终单位是事件，本质就是"变"，它是一个不断活动和创造进化的过程[68]。美国人劳特卡在 1925 年发表了《物理生物学原理》，德国人克勒在 1927 年发表了《论调节问题》，提出了系统论的基本原理。在此基础上，贝塔朗菲 1932 年发表《抗体系统论》，提出了系统论的思想，1937 年提出了一般系统论原理，奠定了这门科学的理论基础，1968 年其发表的专著《一般系统理论：基础、发展和应用》确立了这门科学学术地位，该书被公认为是这门学科的代表作。

2.2.3.2　系统论的基本原理[69]

1. 整体性

系统整体性原理指的是，系统是由若干要素组成的具有一定新功能的有机整体，各个作为系统子单元的要素一旦组成系统整体，就具有独立要素所不具有的性质和功能，从而表现出整体的性质和功能不等于各个要素的性质和功能的简单相加。系统的整体性原理，又总是与分析和综合联系在一起的，分析是把整体分解为部分来加以认识，认识部分是分析的主要任务；综合则与此相反，它是把部分综合为整体来加以认识，认识整体是综合的主要任务。总之，系统的整体性是系统的最为鲜明、最为基本的特征之一，系统之所以成为系统，首先就必须要有整体性。

2. 层次性

系统的层次性原理指的是，由于组成系统的诸要素的种种差异包括结合方式上的差异，从而使系统组织在地位与作用、结构与功能上表现出等级秩序性，形成了具有质的差异的系统等级，层次概念就反映这种有质的差异的不同的系统等级或系统中的等级差异性，系统的不同层次，往往发挥着不同层次的系统功能。

3. 开放性

系统的开放性原理指的是，系统具有不断地与外界环境进行物质、能量、信息交换的性质和功能，系统向环境开放是系统得以向上发展的前提，也是系统得以稳定存在的条件。

4. 目的性

目的性是组织系统发展变化时表现出来的一个鲜明的特点，指组织系统在与环境的相互作用中，在一定的范围内其发展变化不受或少受条件变化或途径经历的影响，坚持表现出某种趋向预先确定的状态的特性。

5. 突变性

经过突变而发展变化是系统发展变化的一种基本形式，系统突变性原理指系统通过失稳从一种状态进入另一种状态的一种突变过程，它是系统质变的一种基本形式，突变方式多种多样，同时系统发展还存在着分叉，从而有了质变的多样性，带来系统发展的丰富多彩。

2.2.4 耦合协调理论

"耦合"这一概念源于物理学，原指两个或两个以上的电路元件或电网络等的输入与输出之间存在紧密配合与相互影响，并通过相互作用从一侧向另一侧传输能量的现象。随着研究的深入，耦合被广泛应用于社会、经济、旅游、生态、土地等的研究中，其内涵与外延也不断扩展，在社会科学中，耦合指在一定条件的作用下，两个及以上的系统或多要素相互影响、相互制约并产生作用的客观现象。耦合包括有利与不利两个方面，当各系统或各要素相互促进，互补长短时，为正效耦合，即各系统或要素协调发展；当各系统或要素互为阻力，彼此牵绊时，为负效耦合，各系统或要素将由有序走向无序。

"协调"指正确处理系统内部各要素、各子系统之间的关系，使其良性关联，和谐共生，由无序走向有序的演化过程，促进组织目标的实现，从而达到一种良性循环。协调是整合在合作步骤中的系统性、统一性、协作性与友好性，更偏向于各系统或要素互相作用形成的协调发展的局面，在"协调"这一关系中，要避免各系统或要素单独的发展，应追求整体的优化，达到 $1+1>2$ 的目的。

"耦合协调度"是各系统或要素互相作用的协调发展程度，决定了系统在达到临界点时的发展方向，耦合协调度越高，系统越趋于有序，反之越趋于无序。本研究将旅游可持续发展和土地可持续利用作为两个相互作用、相互影响的子系统，两个子系统及其内在因素相互影响、相互关联、相互协同，在分析其发展水平的基础上，通过耦合协调度模型分析两个系统的协调程度，根据协调度的变化趋势提出有针对性的发展策略，从而推动两者有机结合，整体上达到协调发展，最终促进社会经济的可持续发展。

第三章 "旅游－经济－社会－环境"综合发展水平评价指标体系构建及评价方法

3.1 评价指标体系构建

3.1.1 总体思路

"旅游－经济－社会－环境"发展水平应从全面、系统的角度进行综合评价。首先，单一维度的指标难以反映"旅游－经济－社会－环境"发展水平的全貌，应综合考虑旅游维度、经济维度、社会维度与生态维度的相关指标，进行综合评价。其次，对一定区域进行总体评价，在指标的遴选过程中，应结合区域实际情况进行遴选。最后，在评价方法的选择上，应选择适合多指标多目标的综合评价方法。

3.1.2 构建指标体系的原则

"旅游－经济－社会－环境"发展是包括旅游资源、旅游效益、经济因素、社会因素和生态因素在内的复杂系统，由若干相互联系、相互影响的指标组成，为科学合理地反映某一区域的"旅游－经济－社会－环境"发展水平，在构建评价指标体系时，应遵循以下原则：

3.1.2.1 科学性原则

科学性原则指应以相关理论为基础，选取能够真实、客观反映研究区域"旅游－经济－社会－环境"发展水平的指标，避免因人为干扰因素选取不适合的指标或者漏选相关指标。指标体系不宜过于繁杂导致难以评价，也不宜过于简单导致评价结果缺乏有效性，科学合理的指标体系应抓住"旅游－经济－社会－环境"发展系统的本质，选取最有代表性、最能抓住事物本质的指标。

3.1.2.2 全面性原则

"旅游—经济—社会—环境"作为复杂系统，包括多个子系统，对其发展水平进行评价，不仅要评价旅游资源、旅游开发、旅游规划等的发展水平，也需要兼顾社会效益、经济效益与生态效益的发展水平。因此，构建"旅游—经济—社会—环境"发展水平评价指标体系，要从全面性与整体性的角度进行指标选取，避免漏选指标，同时要注意各子系统的联系、各指标间的联系。

3.1.2.3 可获取性原则

因评价指标的具体数据大多为政府部门所掌握，而政府部门并不会向社会公布其掌握的全部数据，尤其是环境维度的指标数据。因此，在构建评价指标体系时，首先应选择易于获得、便于计算的数据，确保评价体系能够实际操作，其次要避免选择主观、不易量化的指标。

3.1.3 评价指标筛选及指标释义

3.1.3.1 评价指标筛选

根据第一章的文献研究，"旅游—经济—社会—环境"综合发展水平的测度方法有层次分析法、生态足迹模型、多目标综合评价等，根据本研究的实际情况，采用多目标综合评价方法。

本研究按照构建指标体系的总体思路和构建原则，初步构建了评价指标体系。经征询专家意见，根据研究区域的实际情况，有针对性地对指标体系进行修改和完善，最终确定"旅游—经济—社会—环境"综合发展水平评价指标体系。指标体系由三个层次构成，目标层（A）为评价的目标，即"旅游—经济—社会—环境"综合发展水平；准则层（B）包括旅游水平（B_1）、经济水平（B_2）、社会水平（B_3）和环境水平（B_4）；指标层（X）为能有效反映各子系统的 34 个指标（X_1，X_2，…，X_{34}）。指标分为正指标与逆指标，与"旅游—经济—社会—环境"发展水平正相关的指标为正指标，这类指标数值越大，发展水平越高，如旅游总收入、人均 GDP、居民人均可支配收入等；与"旅游—经济—社会—环境"发展水平负相关的指标为逆指标，这类指标数值的增加将导致旅游呈现不可持续发展的状态，如烟（粉）尘排放量、二氧化硫（SO_2）排放量等。

1. 旅游水平

旅游发展水平建立在旅游资源的可持续发展之上，旅游资源是提升旅游发展水平的核心与基础，旅游产业协同发展所带动的社会、经济与环境的发展均建立在旅游资源的可持续性之上。旅游资源包括自然旅游资源和人文旅游资源。旅游产业的发展不仅包括旅游资源本身的发展，如 A 级以上旅游资源、星级酒店的发展，同时也包括了直接与旅游资源开发利用相关的活动的发展，如公路旅客周转量越大的地区，旅游产业发展规模越大，旅游发展水平程度越高，反之则越低。

2. 经济水平

从经济的角度进行衡量，旅游产业发展的直接目标在于推动经济的可持续发展。在一定的时间与区间内，旅游人次越高则旅游收入越高，旅游产业对地区经济的推动作用越明显，同时，旅游总收入占地区国内生产总值、地区第三产业国内生产总值的比重越高，地区又将更加重视旅游产业的发展，将更多的人、财、物资源投入到旅游产业的发展中。

3. 社会水平

促进社会和谐稳定是旅游产业发展的内在要求，旅游产业发展，一是能够有效解决地区人口就业问题，尤其是提升地区第三产业就业人数；二是能够带动地区固定资产建设以及道路建设，改善生活环境，提升居民幸福感；三是能够增加旅游目的地居民收入，吸引低收入地区人民到旅游地开展旅游经营活动。

4. 环境水平

"既要绿水青山，又要金山银山"在旅游可持续发展中不断被践行。政府部门为发展旅游产业，必须考虑烟（粉）尘排放量、二氧化硫（SO_2）排放量、工业废水排放、工业固体废弃处理、城镇生活污水处理、居民生活垃圾处理等对旅游地环境带来的负面影响，一旦环境恶化，旅游产业发展将难以为继，因旅游产业带来的经济效益和社会效益也将大幅降低。因此，为了促进地区可持续发展，政府部门势必不断优化、改善生态环境。

表 3-1 "旅游—经济—社会—环境"综合发展水平评价指标体系

目标层（A）	准则层（B）	指标层（X）		单位	特征
"旅游—经济—社会—环境"综合发展水平	旅游水平 B_1	X_1	A级以上旅游资源	个	正指标
		X_2	旅行社数量	个	正指标
		X_3	星级酒店数	个	正指标
		X_4	旅游总收入	亿元	正指标
		X_5	旅游总收入占 GDP 比重	%	正指标
		X_6	旅游总收入占第三产业 GDP 比重	%	正指标
		X_7	旅游总收入年增长率	%	正指标
		X_8	住宿和餐饮业水平	亿元	正指标
		X_9	接待旅游人次	万人	正指标
		X_{10}	游客增长率	%	正指标
		X_{11}	公路旅客周转量	万人公里	正指标
	经济水平 B_2	X_{12}	地区 GDP	亿元	正指标
		X_{13}	第三产业产值占 GDP 中比重	%	正指标
		X_{14}	地方财政收入	万元	正指标
		X_{15}	人均 GDP	元	正指标
		X_{16}	邮电业务总量	万元	正指标
		X_{17}	固定资产投资额	亿元	正指标
		X_{18}	公路总里程	公里	正指标
	社会水平 B_3	X_{19}	人口密度	人/平方公里	正指标
		X_{20}	人口自然增长率	‰	正指标
		X_{21}	城镇化率	%	正指标
		X_{22}	第三产业就业人数	万人	正指标
		X_{23}	第三产业年底就业人数占比	%	正指标
		X_{24}	社会消费品零售总额	万元	正指标
		X_{25}	居民人均可支配收入	元	正指标

目标层（A）	准则层（B）	指标层（X）		单位	特征
"旅游—经济—社会—环境"综合发展水平	环境水平 B_4	X_{26}	人均城市道路面积	平方米/人	正指标
		X_{27}	人均公共绿地面积	平方米/人	正指标
		X_{28}	建成区绿化覆盖率	%	正指标
		X_{29}	城镇生活污水处理率	%	正指标
		X_{30}	居民生活垃圾处理率	%	正指标
		X_{31}	工业烟（粉）尘排放量	吨	逆指标
		X_{32}	工业 SO_2 排放量	吨	逆指标
		X_{33}	工业废水排放量	吨	逆指标
		X_{34}	工业固体废弃物综合利用率	%	正指标

3.1.3.2 评价指标释义

根据构建指标体系的总体框架以及科学性、全面性、可获取性和动态性等原则，本研究构建了指标体系的基本框架，共选取了评价指标34项，其中旅游水平（B_1）11项，经济水平（B_2）7项，社会水平（B_3）7项，环境水平（B_4）9项，各项指标释义及计算方法如下：

（1）A级以上旅游资源。A级是对旅游资源质量等级的评价，A级以上旅游资源具有更加强大的旅游吸引力，是提升旅游形象、增强旅游竞争力、推动旅游可持续发展的重要抓手。

（2）旅行社数量。旅行社是以营利为目的从事旅游业务的企业，旅行社数量随着旅游产业的发展而发展，其规模大小能直接反映地区旅游产业发展的水平。

（3）星级酒店数。该指标是旅游产业发展到一定阶段出现的产物，是达到一定条件一定规模，通过国家评定的酒店，该指标的数量直接反映旅游产业发展的程度。

（4）旅游总收入。该指标反映旅游产业发展的经济效益。实现经济效益是发展旅游产业的重要目的之一，该指标同时反映了旅游产业发展的潜力以及地区社会经济发展的潜力。

（5）旅游总收入占GDP比重。该指标反映旅游总收入占地区国内生产总值的比重，该比重越高，说明旅游产业在该地区越具重要性，计算公式为：

$$X_5 = \frac{Y}{\text{GDP}_{总}} \times 100\%$$

其中，X_5 为旅游总收入占 GDP 的比重（％）；Y 为旅游总收入；$\text{GDP}_{总}$ 为地区国内生产总值。

（6）旅游总收入占第三产业 GDP 比重。第三产业是除第一、第二产业外的所有产业的合集，旅游总收入占第三产业 GDP 的比重反映地区旅游产业是否为第三产业的核心产业，计算公式为：

$$X_6 = \frac{Y}{\text{GDP}_{三产}} \times 100\%$$

其中，X_6 为旅游总收入占 GDP 的比重（％）；Y 为旅游总收入；$\text{GDP}_{三产}$ 为地区第三产业国内生产总值。

（7）旅游总收入年增长率。反映旅游总收入的变化情况以及旅游产业发展的潜力，计算公式为：

$$X_7 = \frac{Y_n - Y_{n-1}}{Y_{n-1}} \times 100\%$$

其中，X_7 为旅游总收入年增长率（％）；Y_n 为当年旅游总收入；Y_{n-1} 为上一年旅游总收入。

（8）住宿和餐饮业水平。住宿和餐饮是旅游"吃、住、行、游、购、娱"六大元素中不可或缺的环节，同时也是国民经济中的传统行业，其发展水平可用以反映旅游产业发展对社会经济发展的影响作用。

（9）接待旅游人次。反映地区旅游产业的发展水平，是衡量旅游业发展的核心指标。游客对旅游地带来经济效益，同时对旅游地的环境和社会产生影响。

（10）游客增长率。反映接待旅游人次的变化情况以及旅游产业发展的潜力，计算公式为：

$$X_{10} = \frac{P_n - P_{n-1}}{P_{n-1}} \times 100\%$$

其中，X_{10} 为游客年增长率（％）；P_n 为当年接待旅游人次；P_{n-1} 为上一年接待旅游人次。

（11）公路旅客周转量。该指标反映旅客量以及运途长短，与旅游产业发展水平为正相关关系，计算公式为：

$$X_{11} = \sum P \times D_{平}$$

其中，X_{11} 为公路旅客周转量（万人公里）；P 为旅客运输量；$D_{平}$ 为平均运送距离。

（12）地区 GDP。指一个国家（或地区）所有常住单位在一定时期内生产活动的最终成果，是衡量国家或地区经济状况的最佳指标。

（13）第三产业产值占 GDP 中比重。用以反映地区第三产业的发展情况，其数值越高，表明第三产业对地区经济贡献越大，计算公式为：

$$X_{13} = \frac{GDP_{三产}}{GDP_{总}} \times 100\%$$

其中，X_{13} 为第三产业占 GDP 中比重（%）；$GDP_{三产}$ 为地区第三产业国内生产总值；$GDP_{总}$ 为地区国内生产总值。

（14）地方财政收入。地方财政收入是地方财政的重要组成部分，是地方综合财力的表现之一，包括税收收入、非税收入、政府基金收入等，其收入多少一定程度影响了旅游基础设施建设、旅游资源开发等的程度。

（15）人均 GDP。用以衡量经济发展水平和人民生活水平的重要指标，一个国家或地区的人均 GDP 越高，表明该国家或地区的经济发展水平和人民生活水平越高，计算公式如下：

$$X_{15} = \frac{GDP_{总}}{P}$$

其中，X_{15} 为人均 GDP（元/人）；$GDP_{总}$ 为地区国内生产总值；P 为人口量。

（16）邮电业务总量。邮电业务总量是以价值量形式表现的邮电通信企业为社会提供各类邮电通信服务的总数量，是反映城镇基础设施建设以及人民生活水平的重要指标。

（17）固定资产投资额。该指标是以货币表现的建造和购置固定资产的活动的工作量，是反映固定资产投资规模、速度、比例关系的使用方向的综合性指标，包括国有单位、集体单位投资、城乡居民个人和其他单位的投资。

（18）公路总里程。该指标是反映公路建设发展规模的重要指标，其数值越高，表明地区交通越便利，城市发展规模越大，经济辐射圈半径越宽。

（19）人口密度。用以反映地区人口与旅游产业发展关系的重要指标，在一定的数值限制下，人口密度越大，旅游产业产生的经济、社会效益越高，旅游越呈可持续发展状态，计算公式为：

$$X_{19} = \frac{P}{S}$$

其中，X_{19} 为人口密度（人/平方千米）；P 为总人口；S 为土地面积。

（20）人口自然增长率。指一定时期内（通常为一年）人口自然增加数（出生人数减去死亡人数）与同期平均总人口数之比，一般用千分比表示。该指标为逆指标，人口增长越慢，对旅游可持续发展的压力越小，计算公式为：

$$X_{20} = \frac{P_{出生} - P_{死亡}}{P_{平均}} \times 1000‰$$

其中，X_{20} 为人口自然增长率（‰）；$P_{出生}$ 为当年出生人数；$P_{死亡}$ 为当年死亡人数；$P_{平均}$ 为年平均人数。

（21）城镇化率。是城市化的度量指标，一般采用人口统计学指标，即城镇人口占总人口的比重。城镇化率能够有效反映地区社会发展水平以及人民生活水平。

（22）第三产业就业人数。指标是反映第三产业的发展规模的重要指标之一，就业人员包括旅游从业人员、住宿和餐饮业从业人员、体育和娱乐业从业人员等除第一、第二产业外的全体从业人员。

（23）第三产业年底就业人数占比。指标反映第三产业对于地区经济发展及社会和谐稳定的贡献，计算公式为：

$$X_{23} = \frac{e_{三产}}{e_{总}} \times 100\%$$

其中，X_{23} 为第三产业占就业人数比重（%）；$e_{三产}$ 为地区第三产业就业人数；$e_{总}$ 为地区总就业人数。

（24）社会消费品零售总额。指企业（单位、个体户）通过交易直接售给个人、社会集团非生产、非经营用的实物商品金额，以及提供餐饮服务所取得的收入金额。个人包括城乡居民和入境人员，社会集团包括机关、社会团体、部队、学校、企事业单位、居委会或村委会等。

（25）居民人均可支配收入。该指标反映城镇居民的生活水平，可支配收入越高，表明居民生活水平越高。

（26）人均城市道路面积。指居民人均占有道路以及道路相通的桥梁、隧道等的长度，该指标越高，反映地区社会发展水平越高。

（27）人均公共绿地面积。指非农业人口每人拥有的公共绿地面积，包括公园、植物园、林荫道、广场绿地等公共人工绿地、天然绿地，以及机关、企事业单位绿地等，计算公式为：

$$X_{27} = \frac{S_{绿地}}{P}$$

其中，X_{27} 为人均拥有公共绿地面积（平方米/人）；$S_{绿地}$ 为城镇公共绿地面积；P 为地区非农业人口量。

（28）建成区绿化覆盖率。指在城市建成区的绿化覆盖面积占建成区的百分比，建成区绿化覆盖率表明城市人居环境越好，人民生活幸福水平越高。

（29）城镇生活污水处理率。污水处理是城镇化建设的重要环节，是改善人居环境的重要途径。城镇生活污水处理率指进入污水处理厂处理的城镇生活污水量占污水排放总量的百分比。

（30）居民生活垃圾处理率。居民生活垃圾是居民日常生活中产生的垃圾，包括餐厨垃圾、有害垃圾、可回收垃圾、其他垃圾等，由于城镇化的快速发展，居民生活垃圾激增，因此需要进行有效处理，提升城市环境质量。居民生活垃圾处理率指已处理的居民生活垃圾量占居民生活垃圾产生总量的百分比。

（31）工业烟（粉）尘排放量。烟尘指企业厂区内燃料燃烧产生的烟气中夹带的颗粒物；粉尘指在生产工艺过程中排放的能在空气中悬浮一定时间的固体颗粒。该指标为逆指标，数值越高，对地区发展的制约越大。

（32）工业 SO_2 排放量二氧化硫（SO_2）是大气主要污染物之一，以煤和石油为燃料的火力发电厂、工业锅炉、垃圾焚烧、生活取暖、柴油发动机、金属冶炼厂、造纸厂等为其主要来源。该指标为逆指标，数值越高，对地区发展的制约越大。

（33）工业废水排放量。工业废水排放量指经过企业厂区所有排放口排到企业外部的工业废水量。包括生产废水、外排的直接冷却水、超标排放的矿井地下水和与工业废水混排的厂区生活污水等。该指标为逆指标，数值越高，对地区发展的制约越大。

（34）工业固体废弃物综合利用率。工业固体废弃物是工业生产过程中产生的废弃物，随着我国经济的迅猛发展，其数量不断增加，具有扩散性小、占地面积大等特点，对生态环境具有长期的危害性。工业固体废弃物处置及综合利用量占工业固体废物产生总量的比值。计算公式为：

$$X_{34} = \frac{A_{利用}}{A_{产生} + A_{贮存}} \times 100\%$$

其中，X_{34}为工业固体废弃物综合利用率；$A_{利用}$为工业固体废弃物综合利用量；$A_{产生}$为工业固体废弃物产生量；$A_{贮存}$为综合利用往年贮存量。

3.2 综合评价方法

3.2.1 总体思路

国内外学者们对旅游产业与其他产业协同发展进行了诸多研究，学者们采用的定量评价方法主要有德尔菲法、BP神经网络法、主成分分析法、层次分析法、熵值法、模糊综合评价法、灰色关联法等。根据研究区域的具体情况，本研究选取多指标综合评价方法对成都平原经济区"旅游－经济－社会－环境"综合发展水平进行评价，在构建评价指标体系的基础上，主要步骤为：（1）指标无量纲化；（2）层次分析法赋权；（3）熵值法赋权；（4）层次分析法＋熵值法综合赋权；（5）综合评价。

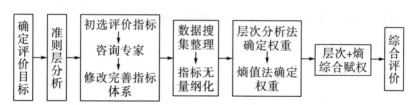

图3-1 "旅游－经济－社会－环境"综合发展水平评价技术路线图

3.2.2 评价方法

3.2.2.1 指标无量纲化

"旅游－经济－社会－环境"综合发展水平评价指标体系中各指标的属性、量纲不同，不具有直接的可比性，如"旅游资源数量"单位为"个"，"旅游总收入"单位为"亿元"，"第三产业就业人数"单位为"万人"等。因此，有必要对各指标进行无量纲化，消除不同量纲带来的差别，使得各指标具有可比性，客观反映评价目标的真实水平。

指标无量纲化可分为直线型、折线型和曲线型三种，主要有极差变换法、标准化法、均值化法、功效系数法、综合指数法、正态化变换法等多种方法，国内外学者在实际研究中使用较多的是直线型无量纲化方法中的均值化法、标准化法、和极差变换法，具体方法如下：

设有 m 个评价样本（如评价某地区 m 年的旅游可持续发展水平或土地可持续利用水平），评价指标体系包括 n 个评价指标，则原始数据矩阵 $\boldsymbol{X}$ 为：$\boldsymbol{X} = \{x_{ij\,m \times n}\}$，其中 x_{ij} 表示第 i 个样本第 j 项评价指标的数值。

设 y_{ij} 为已无量纲化的第 i 个样本第 j 项评价指标的数值：

1. 均值化法

$$y_{ij} = \frac{x_{ij}}{\bar{x}_j}$$

式中，x_{ij} 为第 i 个样本第 j 项指标的原始指标值，$\bar{x}_j$ 为原始指标的平均值。

2. 标准化法

$$y_{ij} = \frac{x_{ij} - \bar{x}_j}{\sigma_j}$$

式中，$\bar{x}_j$ 和 σ_j 分别为指标 x_j 的均值和标准差。

3. 极差变换法

$$y_{ij} = \frac{x_{ij} - \min_{1 \leqslant i \leqslant n} \{x_{ij}\}}{\max_{1 \leqslant i \leqslant n} \{x_{ij}\} - \min_{1 \leqslant i \leqslant n} \{x_{ij}\}}$$

指标与评价目标的关系可分为正向型指标、逆向型指标与适度型指标，对于正向型指标，可直接采用以上方法进行无量纲化，而逆向型指标与适度型指标则需要转化为正向型指标再行采用相应的方法进行无量纲化。对于逆向型指标，一般取原始指标值的倒数；对于适度型指标，设适度值为 k，正向化公式为 $\frac{1}{|x-k|}$，即为原始指标值减去适度值的倒数，当 $x < k$ 时，采用正向型指标处理方式，当 $x > k$ 时，采用逆向型指标处理方式。

3.2.2.2 层次分析法赋权

层次分析法（Analytic Hierarchy Process，AHP）为二十世纪七十年代美国运筹学家匹茨堡大学萨蒂（T. L. Saaty）教授提出，用于解决复杂的多目标决策问题，该方法能够有效地将半定性、半定量的问题转化为定量问题进行评价，目前被广泛应用于社会科学研究的各个领域，主要用于综合评价时确定指标的权重系数，通过将决策问题分解为目标、准则、方案等若干层次，通过定性指标模糊量化方法算出层次单排序和总排序，以作为多目标、多方案优化决策的系统方法。层次分析法主要包括建立层次结构模型、构造判断矩阵、层次单排序、一致性检验和层次总排序等步骤。

1. 建立层次结构模型

首先根据研究内容与研究目标，建立层次结构模型，按照决策问题各相关要素的不同隶属关系和关联程度进行分组并确定为若干层次。最高一层为目标层，该层仅有一个因素，即研究问题的最终目标；第二层为准则层，该层是对下一层的聚类，可根据问题的规模及复杂程度分为准则层、指标层等；第三层为方案层，即针对实现以上层次目标可供选择的方案。

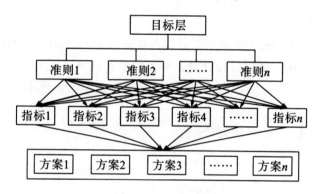

图 3-2　层次结构图

2. 构造判断矩阵

层次结构模型确定了各指标的隶属关系，假设评价目标为 Z，准则层为 C，指标层为 $u_1, u_2, u_3, \cdots, u_n$，通过各指标两两比较，得出各指标相对于准则层的权重 a_{ij}，即以上一层的某个因素 C 作为比较准则，以 a_{ij} 表示下一层次中第 i 个因素与第 j 个因素的相对重要性。A_{ij} 取值一般为 1、3、5、7、9 五个标度及其倒数，由 a_{ij} 组成的矩阵为两两比较判断矩阵 $\mathbf{A} = (a_{ij})$。

$$\mathbf{A} = (a_{ij}) = \begin{Bmatrix} a_{11} & a_{12} & a_{13} & \cdots & a_{1n} \\ a_{21} & a_{22} & a_{23} & \cdots & a_{2n} \\ a_{31} & a_{32} & a_{33} & \cdots & a_{3n} \\ & & \cdots\cdots & & \\ a_{n1} & a_{n2} & a_{n3} & \cdots & a_{nn} \end{Bmatrix}$$

表 3-2　判断矩阵取值范围

a_{ij} 取值	定义
1	指标 a_i 与指标 a_j 一样重要
3	指标 a_i 比指标 a_j 稍微重要
5	指标 a_i 比指标 a_j 明显重要
7	指标 a_i 比指标 a_j 重要
9	指标 a_i 比指标 a_j 极为重要
2、4、6、8	判断值介于两个等级之间
$a_{ij} = \dfrac{1}{a_{ji}}$	指标 a_j 与指标 a_i 相比较

3. 层次单排序

层次单排序为根据判断矩阵，计算各指标对于上一层的重要性次序的权值的过程，一般采用特征根进行计算。对于判断矩阵 $\mathbf{A}$，设 $w_i (i = 1,2,3,\cdots, n)$ 为各指标权重，$\lambda_{\max}$ 为最大特征根，$\mathbf{W}$ 为对应 $\lambda_{\max}$ 的正规化特征向量，计算步骤如下：

判断矩阵 $\mathbf{A} = (a_{ij})$ 按列归一化：

$$\overline{w_{ij}} = \frac{a_{ij}}{\displaystyle\sum_{i=1}^{n} a_{ij}} \qquad i,j = 1,2,3,\cdots,n$$

$\overline{w_{ij}}$ 按行求和：

$$\overline{w_i} = \sum_{i=1}^{n} \overline{w_{ij}} \qquad i,j = 1,2,3,\cdots,n$$

对 $\overline{w_i}$ 进行归一化，得到特征向量 w_i：

$$w_i = \frac{\overline{w_i}}{\displaystyle\sum_{i=1}^{n} \overline{w_i}} \qquad \mathbf{W} = (w_1, w_2, \cdots, w_n)^{\mathrm{T}}$$

计算 $\lambda_{\max}$：

$$\lambda_{\max} = \frac{1}{n} \sum_{1}^{n} \frac{(\mathbf{AW})_i}{w_i}$$

4. 一致性检验

对每一层次做单准则排序时，均需做一致性检验，因为根据上述方法，当

$\lambda_{\max} = n$ 时，判断矩阵完全满足一致性，但由于客观事物的复杂性，判断矩阵往往不完全一致，为检验判断矩阵的一致性，需计算其一致性指标。

一致性指标计算：

$$CI = \frac{\lambda_{\max} - n}{n - 1}$$

其中，CI 为一致性指标（Consistency Index），当 $CI = 0$ 时，判断矩阵 $\boldsymbol{A}$ 一致；CI 越大，判断矩阵 $\boldsymbol{A}$ 的不一致性程度越高。

平均随机一致性指标：

表 3-3 平均随机一致性指标

n	1	2	3	4	5	6	7	8
RI	0	0	0.58	0.94	1.12	1.25	1.32	1.41

根据萨蒂（T. L. Saaty）教授计算的 RI 值，当 $n = 1,2$ 时，$RI = 0$，因此 1，2 阶判断矩阵恒定一致，当 $n \geqslant 3$ 时，将 CI 与 RI（平均随机一致性指标）进行比较，比值为判断矩阵 $\boldsymbol{A}$ 的一致性比例，记作 $CR = \dfrac{CI}{RI}$，当 $CR <$ 0.1 时，认为判断矩阵的一致性可接受，否则需要对判断矩阵进行调整。

5. 层次总排序

计算某一层次中所有指标对于最高层（目标层）的权重为层次总排序，这一过程自上而下逐层进行。设已计算出第 $b-1$ 层上有 n_{b-1} 个指标相对总目标的排序权向量为：

$$w^{(b-1)} = (w_1^{(b-1)}, w_2^{(b-2)}, \cdots, w_{n_{b-1}}^{(b-1)})^{\mathrm{T}}$$

第 b 层有 n_B 个指标，对于上一层（第 $b-1$ 层）对应的准则因素单准则排序权重为：

$$p_i^{(b)} = (w_{1i}^{(b)}, w_{2i}^{(b)}, \cdots, w_{n_b i}^{(b)})^{\mathrm{T}}$$

第 b 层 n_B 个指标相对总目标的权重为：

$$(w_1^{(b)}, w_2^{(b)}, \cdots, w_{n_B}^{(b)})^{\mathrm{T}} = (p_1^{(b)}, p_2^{(b)}, \cdots, p_{b-1}^{(b)})w^{(b-1)}$$

在计算总排序时，虽然已进行了各层一致性检验，但仍然存在一定的差异，因此需要从总体上进行一致性检验。

设第 $b-1$ 层第 j 个因素为比较准则，第 b 层的一致性检验指标为

$CI_j^{(b-1)}$，平均随机一致性指标为 $RI_j^{(b-1)}$，则第 b 层各指标两两比较的层次单排序一致性指标为 $CI^b = CI^{b-1} \cdot w^{(b-1)}$；$RI^b = RI^{b-1} \cdot w^{(b-1)}$；$CR^b = CR^{b-1} + \dfrac{CI^b}{RI^b}$（$3 \leqslant b \leqslant n$）。如 $CR^b < 0.1$，则评价矩阵达到总体一致性。

3.2.2.3 熵值法赋权

熵源于物理学，1865 年由德国物理学家克劳修斯提出，是度量系统无序度的单位。熵越大则表明系统已知信息越少，系统越混乱及无序；熵越小则表明系统已知信息越多，系统越稳定及有序。熵值法是综合评价中确定指标权重的重要方法，是一种客观赋权法，能够有效避免主观因素引起的误差，其主要步骤如下：

设有 m 个评价样本（如评价某地区 m 年的旅游发展水平），评价指标体系包括 n 个评价指标，则原始数据矩阵为：$X = \{x_{ij_{m \times n}}\}$，其中 x_{ij} 表示第 i 个样本第 j 项评价指标的数值：

1. 指标标准化

根据 3.3.2.1 节的指标无量纲化方法对指标进行标准化处理。

2. 计算指标熵值 e 和信息效用值 d

第 j 项指标的熵值为：

$$e_j = -K \sum_{i=1}^{m} y_{ij} \ln y_{ij}$$

其中，K 为常数，与系统的样本数 m 有关。对于信息完全无序的系统，其有序度为 0，熵值最大，即 $e = 1$。当 m 个样本处于完全无序时，$y_{ij} = \dfrac{1}{m}$，$K = \dfrac{1}{\ln m}$

第 j 项指标的信息效用值 d 取决于指标的熵值 e_j 与 1 之间的差值：

$$d_j = 1 - e_j$$

3. 计算指标权重

第 j 项指标的权重 w 计算公式为：

$$w_j = d_j \sum_{j=1}^{m} d_j$$

由此可见，指标权重由指标的效用值 d 决定，其效用值越高，指标权重越大，即该指标对总体评价目标的贡献度越大。

4. 样本评价

以第 j 项指标的权重 w_j 与标准化矩阵 Y 中的第 i 个样本第 j 项指标接近度 x_{xy} 的乘积作为 x_{ij} 的评价值 f_{xy}，即：

$$f_{ij} = w_j x_{ij}$$

因此第 i 个样本的总体评价值为：

$$f_i = \sum_{j=1}^{n} f_{ij}$$

3.2.2.4 层次分析法＋熵值法综合赋权

层次分析法和熵值法具有各自的优点与缺点，为避免其缺点对评价结果产生负向影响，本研究综合采用两种方法进行综合赋权，即在利用层次分析法计算出指标权重 w_i 和利用熵值法计算出指标权重 w_j 后，再计算组合权重 W：

$$W = aw_i + (1-a)w_j \qquad a \in [0,1]$$

其中，W 为组合权重，a 为偏好系数，W 随 a 的变化而变化，当 $a = 1$ 时，组合权重为层次分析法确定的权重，当 $a = 0$ 时，组合权重为熵值法确定的权重。国内外学者对于 a 的取值有诸多讨论，根据本研究的实际情况，取 $a = 0.5$。

3.2.2.5 综合评价

评价指标体系从旅游维度、经济维度、社会维度和环境维度等方面反映了成都平原经济区的发展水平，但单从某一维度进行评价则不能全面反映整体情况，因此需要进行综合评价，评价模型为：

$$Z = \sum_{i=1}^{n} x_i w_i \qquad (n = 1,2,3,\cdots,n)$$

其中，Z 为"旅游－经济－社会－环境"综合发展水平评价值，x_i 为第 i 个指标的评价值，w_i 为第 i 个指标的组合权重。

3.3 小结

首先，本章明确了构建"旅游－经济－社会－环境"综合发展水平评价指标体系的总体思路，按照科学性原则、全面性原则和可获取性原则构建了评价指标体系，共选取了评价指标 35 项，其中旅游水平 11 项，经济水平 7 项，社会水平 7 项，环境水平 9 项，然后分别对各指标进行了释义。

其次，本章根据研究区域的具体情况，选取多指标综合评价法作为本研究的评价方法并对各步骤的原理及具体计算方法进行了阐释。具体评价步骤为：指标无量纲化，层次分析法确定指标权重，熵值法确定指标权重，层次分析法＋熵值法综合确定各指标权重，采用综合权重对各指标加权后进行综合评价。

第四章 成都平原经济区"旅游－经济－社会－环境"综合发展水平评价

4.1 评价的总体思路

二十一世纪以来,尤其是"十三五"规划实施以来,成都平原经济区社会经济水平实现了飞跃式的发展,其中,旅游产业发挥了至关重要的作用。同时,旅游业因具有污染小、绿色环保、无烟产业、产业融合性强等特点,成为保持经济区社会和谐稳定、推动地区经济发展的重要产业。与此同时,一系列与之相关的问题在与其密切关联的领域也显现出了。因此,有必要通过构建包括旅游水平、经济水平、社会水平和环境水平等维度在内的指标体系,对成都平原经济区"旅游－经济－社会－环境"综合发展水平进行评价,全面了解成都平原经济区"旅游－经济－社会－环境"综合发展的推动因素与制约因素,为政府部门提供参考。

按照第三章所构建的"旅游－经济－社会－环境"综合发展水平评价指标体系,考虑到数据的可获取性、全面性等因素,本研究选取成都平原经济区八座城市 2018 年的指标数据,对经济区旅游、经济、社会与环境综合发展水平进行评价。具体评价步骤包括:(1)评价指标数据标准化;(2)层次分析法确定权重;(3)熵值法确定权重;(4)层次分析+熵综合赋权;(5)根据各指标权重,得出成都平原经济区"旅游－经济－社会－环境"综合发展水平值;(6)根据综合发展水平值对成都平原经济区"旅游－经济－社会－环境"综合发展进行评价。

4.2 数据来源

数据来源:(1)四川旅游年鉴 2019;(2)四川统计年鉴 2019;(3)成都

统计年鉴 2019；（4）德阳统计年鉴 2019；（5）绵阳统计年鉴 2019；（6）遂宁统计年鉴 2019；（7）乐山统计年鉴 2019；（8）眉山统计年鉴 2019；（9）雅安统计年鉴 2019；（10）资阳统计年鉴 2019；（11）成都平原经济区八城国民经济和社会发展统计公报 2019。另外，部分数据通过计算得出（见 3.1.3 小节）。

4.3 数据无量纲化

通过对成都平原经济区的成都、德阳、绵阳、遂宁、乐山、眉山、雅安、资阳等 8 座城市 2018 年各项指标原始数据的搜集、整理，以及对旅游总收入占 GDP 的比重、旅游总收入年增长率等部分指标进行计算，获得本文指标数据如下：

表 4-1 旅游水平指标数据

城市	A级以上旅游资源	旅行社数量	星级酒店数	旅游总收入	旅游总收入占GDP比重	旅游总收入占第三产业GDP比重	旅游总收入年增长率	住宿和餐饮业水平	接待旅游人次	游客增长率	公路旅客周转量
	个	个	个	亿元	%	%	%	亿元	万人	%	万人公里
	X_1	X_2	X_3	X_4	X_5	X_6	X_7	X_8	X_9	X_{10}	X_{11}
成都	89	626	91	3712.59	24	45	22	1123.90	24300	16	885490
德阳	15	40	13	385.30	17	43	35	136.30	4337.10	30	231148
绵阳	29	56	25	647.66	28	60	21	206.02	6384.25	21	228547
遂宁	32	12	17	467.22	38	95	21	76.86	4971.36	14	126431
乐山	35	75	26	892.59	55	23	16	134.80	5733.55	12	149931
眉山	30	9	12	404.29	32	78	13	89.12	4970.71	14	127382
雅安	27	16	19	320.42	50	25	26	42.53	3740.58	17	64991
资阳	9	4	7	190.12	18	48	17	100.10	2551.05	14	118469

表 4-2　经济水平指标数据

城市	地区GDP	第三产业产值占GDP比重	地方财政收入	人均GDP	邮电业务总量	固定资产投资额	公路总里程
	亿元	%	万元	元	万元	亿元	公里
	X_{12}	X_{13}	X_{14}	X_{15}	X_{16}	X_{17}	X_{18}
成都	15342.77	54	14241550	94782	3555542	9968.49	27729.19
德阳	2213.87	41	1175813	62569	313458	1390.09	8341.12
绵阳	2303.82	47	1245419	47538	420277	1522.73	20146.05
遂宁	1221.39	40	638447	37943	543474	1333.09	8985.21
乐山	1615.09	45	1099199	49397	308765	1350.22	12162.00
眉山	1256.02	41	1031974	42157	759294	1177.49	7931.57
雅安	646.10	40	400289	41985	509855	488.91	6711.46
资阳	1066.53	37	528490	42112	167150	629.78	12345.90

表 4-3　社会水平指标数据

城市	人口密度	人口自然增长率	城镇化率	第三产业就业人数	第三产业就业人数占比	社会消费品零售总额	居民人均可支配收入
	人/平方公里	‰	%	万人	%	万元	元
	X_{19}	X_{20}	X_{21}	X_{22}	X_{23}	X_{24}	X_{25}
成都	1139	5.50	73.12	469.01	894.96	68018100	42128
德阳	600	2.00	52.35	85.88	216.81	8205977	34216
绵阳	240	1.63	52.53	115.11	304.40	11494767	34411
遂宁	602	3.44	50.02	51.96	163.87	5707262	31830
乐山	257	2.45	51.83	69.08	184.78	6672670	33663
眉山	418	2.41	46.32	59.29	189.60	4964250	33697
雅安	102	1.88	46.85	33.50	104.06	2429073	32198
资阳	437	0.50	42.71	52.87	187.94	3789801	33336

表 4-4 环境水平指标数据

城市	人均城市道路面积	人均公共绿地面积	建成区绿化覆盖率	城镇生活污水处理率	居民生活垃圾处理率	工业烟（粉）尘排放量	工业SO$_2$排放量	废水排放量	工业固体废弃物综合利用率
	平方米/人	平方米/人	%	%	%	吨	吨	吨	%
	X_{26}	X_{27}	X_{28}	X_{29}	X_{30}	X_{31}	X_{32}	X_{33}	X_{34}
成都	14.20	13.33	41.33	94.14	100	8541	7741	7911	73.17
德阳	15.68	12.83	41.98	92.97	100	7185	6334	3494	36.20
绵阳	18.15	11.98	40.11	96.12	100	12185	6970	1428	97.81
遂宁	26.90	15.61	40.18	93.48	100	737	1404	1060	87.00
乐山	13.63	9.92	40.37	92.52	100	21215	19971	4450	67.20
眉山	17.72	12.83	39.90	91.09	100	7937	10390	2542	95.55
雅安	15.60	12.85	39.97	94.21	98	3634	3955	566	49.22
资阳	20.72	17.77	36.11	97.37	100	1948	1379	262	98.94

成都平原经济区"旅游-经济-社会-环境"综合发展水平评价指标体系中的各指标量纲不同，无法直接进行比较，因此需要进行无量纲化以消除量纲。根据各指标数据特征，采用极差变换法进行数据无量纲化，结果如下：

表 4-5 成都平原经济区"旅游-经济-社会-环境"综合发展水平评价指标标准化

		成都	德阳	绵阳	遂宁	乐山	眉山	雅安	资阳
X_1	A级以上旅游资源	1.0000	0.0750	0.2500	0.2875	0.3250	0.2625	0.2250	0.0000
X_2	旅行社数量	1.0000	0.0579	0.0836	0.0129	0.1141	0.0080	0.0193	0.0000
X_3	星级酒店数	1.0000	0.0714	0.2143	0.1190	0.2262	0.0595	0.1429	0.0000
X_4	旅游总收入	1.0000	0.0554	0.1299	0.0787	0.1994	0.0608	0.0370	0.0000
X_5	旅游总收入占GDP比重	0.1794	0.0000	0.2828	0.5507	1.0000	0.3905	0.8502	0.0111
X_6	旅游总收入占第三产业GDP比重	0.0229	0.0000	0.2143	0.6414	0.9775	0.4364	1.0000	0.0691
X_7	旅游总收入年增长率	0.4132	1.0000	0.3707	0.3516	0.1230	0.0000	0.5651	0.1760
X_8	住宿和餐饮业水平	1.0000	0.0867	0.1512	0.0317	0.0853	0.0431	0.0000	0.0532
X_9	接待旅游人次	1.0000	0.0821	0.1762	0.1113	0.1463	0.1113	0.0547	0.0000
X_{10}	游客增长率	0.2119	1.0000	0.4875	0.1240	0.0000	0.1231	0.2951	0.0958
X_{11}	公路旅客周转量	1.0000	0.2025	0.1993	0.0749	0.1035	0.0760	0.0000	0.0652

		成都	德阳	绵阳	遂宁	乐山	眉山	雅安	资阳
X_{12}	地区GDP	1.0000	0.1067	0.1128	0.0391	0.0659	0.0415	0.0000	0.0286
X_{13}	第三产业产值占GDP中比重	1.0000	0.2224	0.5655	0.1956	0.4765	0.2443	0.1758	0.0000
X_{14}	地方财政收入	1.0000	0.0560	0.0611	0.0172	0.0505	0.0456	0.0000	0.0093
X_{15}	人均GDP	1.0000	0.4333	0.1688	0.0000	0.2015	0.0741	0.0711	0.0733
X_{16}	邮电业务总量	1.0000	0.0432	0.0747	0.1111	0.0418	0.1748	0.1011	0.0000
X_{17}	固定资产投资额	1.0000	0.0951	0.1091	0.0891	0.0909	0.0726	0.0000	0.0149
X_{18}	公路总里程	1.0000	0.0775	0.6392	0.1082	0.2593	0.0581	0.0000	0.2681
X_{19}	人口密度	1.0000	0.4802	0.1331	0.4822	0.1495	0.3047	0.0000	0.3230
X_{20}	人口自然增长率	1.0000	0.3000	0.2260	0.5880	0.3900	0.3820	0.2760	0.0000
X_{21}	城镇化率	1.0000	0.3170	0.3229	0.2404	0.2999	0.1187	0.1361	
X_{22}	第三产业就业人数	1.0000	0.1203	0.1874	0.0424	0.0817	0.0592	0.0000	0.0445
X_{23}	第三产业就业人数占比	1.0000	0.1426	0.2533	0.0756	0.1021	0.1082	0.0000	0.1061
X_{24}	社会消费品零售总额	1.0000	0.0881	0.1382	0.0500	0.0647	0.0387	0.0000	0.0207
X_{25}	居民人均可支配收入	1.0000	0.2317	0.2506	0.0000	0.1780	0.1813	0.0357	0.1462
X_{26}	人均城市道路面积	0.0430	0.1545	0.3406	1.0000	0.0000	0.3082	0.1485	0.5343
X_{27}	人均公共绿地面积	0.4344	0.3707	0.2624	0.7248	0.0000	0.3707	0.3732	1.0000
X_{28}	建成区绿化覆盖率	0.8893	1.0000	0.6814	0.6934	0.7257	0.6457	0.6576	0.0000
X_{29}	城镇生活污水处理率	0.4857	0.2994	0.8010	0.3806	0.2277	0.0000	0.4968	1.0000
X_{30}	居民生活垃圾处理率	1.0000	1.0000	1.0000	1.0000	1.0000	1.0000	0.0000	1.0000
X_{31}	工业烟(粉)尘排放量	0.0534	0.0703	0.0267	1.0000	0.0000	0.0602	0.1741	0.3560
X_{32}	工业SO_2排放量	0.1172	0.1597	0.1384	0.9809	0.0000	0.0684	0.3004	1.0000
X_{33}	废水排放量	0.0000	0.0433	0.1555	0.2214	0.0266	0.0723	0.4445	1.0000
X_{34}	工业固体废弃物综合利用率	0.5893	0.0000	0.9820	0.8097	0.4941	0.9460	0.2075	1.0000

4.4　指标权重确定

4.4.1　层次分析法确定权重

根据层次分析法的原理及步骤，经征询社会科学研究领域相关专家意见，构建出目标层判断矩阵——"旅游－经济－社会－环境"发展评价判断矩阵

（表4-6），准则层判断矩阵——旅游水平判断矩阵（表4-7）、经济水平判断矩阵（表4-8）、社会水平判断矩阵（表4-9）和环境水平判断矩阵（表4-10）。

表4-6　**A－B判断矩阵**

A	B_1	B_2	B_3	B_4
B_1	1	2	3	3
B_2	1/2	1	3	5
B_3	1/3	1/3	1	2
B_4	1/3	1/5	1/2	1

表4-7　**B_1－X判断矩阵**

B_1	X_1	X_2	X_3	X_4	X_5	X_6	X_7	X_8	X_9	X_{10}	X_{11}
X_1	1	3	3	2	3	3	3	5	5	5	7
X_2	1/3	1	1	1/5	1/3	1/3	1/3	1/3	1/2	1/2	1/3
X_3	1/3	1	1	1/5	1/3	1/3	1/5	3	3	2	1/3
X_4	1/2	5	5	1	2	3	3	3	5	7	9
X_5	1/3	3	3	1/2	1	2	2	3	5	5	7
X_6	1/3	3	3	1/3	1/2	1	2	2	3	3	3
X_7	1/3	3	5	1/3	1/2	1/2	1	2	3	3	3
X_8	1/5	3	1/3	1/3	1/3	1/2	1/2	1	1/3	1/3	2
X_9	1/5	2	1/3	1/5	1/5	1/3	1/3	3	1	3	5
X_{10}	1/5	2	1/2	1/7	1/5	1/3	1/3	3	1/3	1	3
X_{11}	1/7	3	3	1/9	1/7	1/3	1/3	1/2	1/5	1/3	1

表4-8　**B_2－X判断矩阵**

B_2	X_{12}	X_{13}	X_{14}	X_{15}	X_{16}	X_{17}	X_{18}
X_{12}	1	5	3	3	7	3	5
X_{13}	1/5	1	1/3	1/2	1/3	1/3	2
X_{14}	1/3	3	1	3	3	2	3
X_{15}	1/3	2	1/3	1	3	3	5

B_2	X_{12}	X_{13}	X_{14}	X_{15}	X_{16}	X_{17}	X_{18}
X_{16}	1/7	3	1/3	1/3	1	1/3	2
X_{17}	1/3	3	1/2	1/3	3	1	5
X_{18}	1/5	1/2	1/3	1/5	1/2	1/5	1

表 4-9　B_3-X 判断矩阵

B_3	X_{19}	X_{20}	X_{21}	X_{22}	X_{23}	X_{24}	X_{25}
X_{19}	1	1/3	1/5	1/3	1/5	1/2	1/7
X_{20}	3	1	1/5	1/5	1/3	1/2	1/7
X_{21}	5	5	1	1/3	1/3	2	1/5
X_{22}	3	5	3	1	3	3	1/2
X_{23}	5	3	3	1/3	1	3	1/3
X_{24}	2	2	1/2	1/3	1/3	1	1/3
X_{25}	7	7	5	2	3	3	1

表 4-10　B_4-X 判断矩阵

B_4	X_{26}	X_{27}	X_{28}	X_{29}	X_{30}	X_{31}	X_{32}	X_{33}	X_{34}
X_{26}	1	1/2	2	3	2	3	3	3	3
X_{27}	2	1	1/3	1/3	3	3	3	5	4
X_{28}	1/2	3	1	3	3	3	5	3	2
X_{29}	1/3	3	1/3	1	1/3	1/3	1/3	1/2	1/3
X_{30}	1/2	1/3	1/3	3	1	1/3	1/3	1/3	1/3
X_{31}	1/3	1/3	1/3	3	3	1	1/5	1/5	1/7
X_{32}	1/3	1/3	1/5	3	3	5	1	1/5	1/3
X_{33}	1/3	1/5	1/3	2	3	5	5	1	1/3
X_{34}	1/3	1/4	1/2	3	3	7	3	3	1

在构建判断矩阵的基础上，将数据代入 Matlab 程序，对准则层及各指标相对上一层的权重进行计算，结果如下：

$$w_A = (0.4320\ 0.3409\ 0.1381\ 0.0891)^T;$$

$$w_{B_1} = (0.2171 \ 0.0294 \ 0.0525 \ 0.2008 \ 0.1398 \ 0.0948 \ 0.0921 \ 0.0390$$
$$0.0568 \ 0.0416 \ 0.0360)^{\mathrm{T}};$$

$$w_{B_2} = (0.3577 \ 0.0538 \ 0.1990 \ 0.1593 \ 0.0676 \ 0.1243 \ 0.0383)^{\mathrm{T}};$$

$$w_{B_3} = (0.0349 \ 0.0469 \ 0.1127 \ 0.2317 \ 0.1591 \ 0.0701 \ 0.3447)^{\mathrm{T}};$$

$$w_{B_4} = (0.1646 \ 0.1755 \ 0.1843 \ 0.0712 \ 0.0479 \ 0.0525 \ 0.0747 \ 0.1001$$
$$0.1291)^{\mathrm{T}}。$$

根据准则层权重及各指标权重，计算出各项指标的单层权重及综合权重，如表 4-11 所示：

表 4-11　基于层次分析法的评价指标权重值及排序

目标层（A）	准则层（B）	指标层（X）		单层权重	单层排序	综合权重	综合排序
"旅游-经济-社会-环境"综合发展水平 A	旅游水平 B_1 (0.4320)	X_1	A 级以上旅游资源	0.2171	1	0.0938	2
		X_2	旅行社数量	0.0294	11	0.0127	25
		X_3	星级酒店数	0.0525	7	0.0227	14
		X_4	旅游总收入	0.2008	2	0.0867	3
		X_5	旅游总收入占 GDP 比重	0.1398	3	0.0604	5
		X_6	旅游总收入占第三产业 GDP 比重	0.0948	4	0.0410	9
		X_7	旅游总收入年增长率	0.0921	5	0.0398	10
		X_8	住宿和餐饮业水平	0.0390	9	0.0168	18
		X_9	接待旅游人次	0.0568	6	0.0245	12
		X_{10}	游客增长率	0.0416	8	0.0180	17
		X_{11}	公路旅客周转量	0.0360	10	0.0156	22
	经济水平 B_2 (0.3409)	X_{12}	地区 GDP	0.3577	1	0.1219	1
		X_{13}	第三产业产值占 GDP 中比重	0.0538	6	0.0183	16
		X_{14}	地方财政收入	0.1990	2	0.0678	4
		X_{15}	人均 GDP	0.1593	3	0.0543	6
		X_{16}	邮电业务总量	0.0676	5	0.0230	13
		X_{17}	固定资产投资额	0.1243	4	0.0424	8
		X_{18}	公路总里程	0.0383	7	0.0131	24

目标层（A）	准则层（B）	指标层（X）		单层权重	单层排序	综合权重	综合排序
"旅游—经济—社会—环境"综合发展水平 A	社会水平 B₃（0.1381）	X_{19}	人口密度	0.0349	7	0.0048	32
		X_{20}	人口自然增长率	0.0469	6	0.0065	30
		X_{21}	城镇化率	0.1127	4	0.0156	21
		X_{22}	第三产业就业人数	0.2317	2	0.0320	11
		X_{23}	第三产业年底就业人数占比	0.1591	3	0.0220	15
		X_{24}	社会消费品零售总额	0.0701	5	0.0097	27
		X_{25}	居民人均可支配收入	0.3447	1	0.0476	7
		X_{26}	人均城市道路面积	0.1646	3	0.0147	23
		X_{27}	人均公共绿地面积	0.1755	2	0.0156	20
		X_{28}	建成区绿化覆盖率	0.1843	1	0.0164	19
		X_{29}	城镇生活污水处理率	0.0712	7	0.0063	31
	环境水平 B₄（0.0891）	X_{30}	居民生活垃圾处理率	0.0479	9	0.0043	34
		X_{31}	工业烟（粉）尘排放量	0.0525	8	0.0047	33
		X_{32}	工业 SO_2 排放量	0.0747	6	0.0067	29
		X_{33}	工业废水排放量	0.1001	5	0.0089	28
		X_{34}	工业固体废弃物综合利用率	0.1291	4	0.0115	26

表4—11表明，利用层次分析法对社会科学研究领域专家的主观评分进行分析，结果显示成都平原经济区"旅游—经济—社会—环境"综合发展水平评价指标体系的准则层（B）权重从大到小排序为 B_1、B_2、B_3、B_4，即成都平原经济区在实现以旅游产业为主导的综合发展的过程中，四个准则层的重要成都排序为旅游水平＞经济水平＞社会水平＞环境水平，表明专家认为对于经济区综合发展而言，旅游水平是核心与基础，其他一切围绕旅游展开的经济、社会和环境活动均建立在可持续的旅游资源开发与利用之上。

指标层（X）单层权重排序表明：（1）在旅游水平（B_1）维度中，A级以上旅游资源（X_1）、旅游总收入（X_4）、旅游总收入占GDP比（X_5）为该层次占比前三的指标；（2）在经济水平（B_2）维度中，地区GDP（X_{10}）、地方财政收入（X_{14}）、人均GDP（X_{15}）的影响较强；（3）在社会水平（B_3）维度中，居民人均可支配收入（X_{25}）、第三产业就业人数（X_{22}）、第三产业年底就业人数占比（X_{23}）为权重排序前三的指标；（4）在环境水平（B_4）维度中，人均城市道路面积（X_{26}）、人均公共绿地面积（X_{27}）、建成区绿化覆盖率（X_{28}）三项影响较强。

指标层（X）权重总层次排序表明，地区 GDP（X_{10}）、A 级以上旅游资源（X_1）、旅游总收入（X_4）、地方财政收入（X_{14}）、旅游总收入占 GDP 比（X_5）分别为排序 1~5 位的指标；城镇生活污水处理率（X_{29}）、居民生活垃圾处理率（X_{30}）、工业烟（粉）尘排放量（X_{31}）、人口密度（X_{19}）、人口自然增长率（X_{20}）为排序最后五位，即对成都平原经济区"旅游－经济－社会－环境"综合发展影响最弱的指标。

综上，层次总排序结果表明，成都平原经济区"旅游－经济－社会－环境"要实现以旅游产业为主导产业综合发展，首先要建立在其拥有的旅游资源的基础上，通过实施旅游资源开发、农家乐打造、开展旅游节事活动等措施，带动旅游产业及相关产业的发展，从而实现经济效益、社会效益和环境效益的协调可持续发展。

4.4.2　熵值法确定权重

根据熵值法原理及计算步骤，对成都平原经济区"旅游－经济－社会－环境"综合发展评价指标体系中 34 项指标数据进行处理，将标准化后的数据代入 Matlab 程序，计算结果见表 4－12：

表 4－12　基于熵值法的评价指标权重值及排序

目标层（A）	准则层（B）	指标层（X）		信息熵	效用值	权重	排序
"旅游－经济－社会－环境"综合发展水平 A	旅游水平 B_1（0.3409）	X_1	A 级以上旅游资源	0.9897	0.0103	0.0240	27
		X_2	旅行社数量	0.9846	0.0154	0.0359	4
		X_3	星级酒店数	0.9874	0.0126	0.0292	20
		X_4	旅游总收入	0.9861	0.0139	0.0324	12
		X_5	旅游总收入占 GDP 比重	0.9858	0.0142	0.0331	8
		X_6	旅游总收入占第三产业 GDP 比重	0.9825	0.0175	0.0406	2
		X_7	旅游总收入年增长率	0.9898	0.0102	0.0238	29
		X_8	住宿和餐饮业水平	0.9856	0.0144	0.0335	7
		X_9	接待旅游人次	0.9870	0.0130	0.0303	17
		X_{10}	游客增长率	0.9880	0.0120	0.0278	22
		X_{11}	公路旅客周转量	0.9869	0.0131	0.0303	18

目标层（A）	准则层（B）	指标层（X）		信息熵	效用值	权重	排序
"旅游—经济—社会—环境"综合发展水平 A	经济水平 B₂ (0.2230)	X_{12}	地区 GDP	0.9853	0.0147	0.0341	6
		X_{13}	第三产业产值占 GDP 中比重	0.9894	0.0106	0.0246	25
		X_{14}	地方财政收入	0.9844	0.0156	0.0364	3
		X_{15}	人均 GDP	0.9869	0.0131	0.0304	16
		X_{16}	邮电业务总量	0.9861	0.0139	0.0323	13
		X_{17}	固定资产投资额	0.9858	0.0142	0.0330	9
		X_{18}	公路总里程	0.9861	0.0139	0.0322	15
	社会水平 B₃ (0.1927)	X_{19}	人口密度	0.9897	0.0103	0.0240	28
		X_{20}	人口自然增长率	0.9910	0.0090	0.0210	31
		X_{21}	城镇化率	0.9896	0.0104	0.0241	26
		X_{22}	第三产业就业人数	0.9860	0.0140	0.0326	11
		X_{23}	第三产业年底就业人数占比	0.9873	0.0127	0.0295	19
		X_{24}	社会消费品零售总额	0.9853	0.0147	0.0342	5
		X_{25}	居民人均可支配收入	0.9882	0.0118	0.0273	24
	环境水平 B₄ (0.2436)	X_{26}	人均城市道路面积	0.9879	0.0121	0.0280	21
		X_{27}	人均公共绿地面积	0.9910	0.0090	0.0209	32
		X_{28}	建成区绿化覆盖率	0.9927	0.0073	0.0171	34
		X_{29}	城镇生活污水处理率	0.9901	0.0099	0.0229	30
		X_{30}	居民生活垃圾处理率	0.9912	0.0088	0.0205	33
		X_{31}	工业烟（粉）尘排放量	0.9859	0.0141	0.0329	10
		X_{32}	工业 SO_2 排放量	0.9821	0.0179	0.0415	1
		X_{33}	工业废水排放量	0.9861	0.0139	0.0323	14
		X_{34}	工业固体废弃物综合利用率	0.9882	0.0118	0.0275	23

表 4-12 表明，采用熵值法对指标数据进行客观分析，准则层（**B**）的权重从大到小排序为 **B₁**、**B₄**、**B₂**、**B₃**，其权重分别为 0.3409、0.2436、0.2230 和 0.1927，即影响成都平原经济区"旅游—经济—社会—环境"综合发展的因素重要程度为旅游水平＞环境水平＞经济水平＞社会水平。

从各准则层来看，旅游资源可持续性（**B₁**）维度中，旅游总收入占第三产业 GDP 比重（X_6）、旅行社数量（X_2）、住宿和餐饮业水平（X_8）为权重值前 3 的指标；经济可行性（B_2）维度中，地方财政收入（X_{14}）、地区 GDP（X_{12}）、固定资产投资额（X_{17}）权重最高；社会可接受性（B_3）维度中，第三产业就业人数（X_{22}）、第三产业年底就业人数占比（X_{23}）、社会消费品零售总额（X_{24}）影响较强；环境合理性（B_4）维度中，工业烟（粉）尘排放量（X_{31}）、工业 SO_2 排放量（X_{32}）和工业废水排放量（X_{33}）权重最高。

从总指标体系来看，工业 SO_2 排放量（X_{32}）、旅游总收入占第三产业 GDP 比重（X_6）、地方财政收入（X_{14}）、旅行社数量（X_2）、社会消费品零售总额（X_{24}）为影响力最高的 5 个指标；城镇生活污水处理率（X_{29}）、人口自然增长率（X_{20}）、人均公共绿地面积（X_{27}）、居民生活垃圾处理率（X_{30}）、建成区绿化覆盖率（X_{28}）为影响力最低的 5 个指标。指标层（X）计算结果表明，对成都平原经济区"旅游－经济－社会－环境"综合发展影响前 5 的指标在旅游水平（B_1）、经济水平（B_2）、社会水平（B_3）均有分布，而影响最弱，即权重值最小的 5 个指标主要分布在环境水平（B_4）维度。

4.4.3 层次分析法＋熵值法综合赋权

利用层次分析法对专家评分进行计算与利用熵值法对指标数据进行计算，总体结果在准则层（B）及指标层均有差别。层次分析法对准则层（B）的计算结果从大到小排序为 B_1、B_2、B_3、B_4，熵值法对准则层（B）的计算结果从大到小排序为 B_1、B_4、B_2、B_3。层次分析法的计算结果，各维度指标权重差异较大，旅游水平（B_1）权重为 0.4320，与排序第四环境水平（B_4）的 0.0891 相差 0.3429；熵值法的计算结果各维度权重差异较小，旅游水平（B_1）权重为 0.3409，与排序第四社会水平（B_4）的 0.1927 相差仅为 0.1482。两种方法对各维度内部各指标的赋权均有所差异，为更加科学合理地反映各准则层及指标权重，本研究对两种方法获得的权重值进行综合赋权，即在利用层次分析法计算出指标权重 w_i 和利用熵值法计算出指标权重 w_j 后，再计算组合权重 W，根据第 3.2.2.4 小节公式进行计算，结果如表 4－13 所示：

表 4-13 层次分析法+熵值法综合赋权指标权重及排序

目标层 （A）	准则层 （B）	指标层 （X）		AHP 权重	熵值法 权重	综合 权重	综合 排序
"旅游—经济—社会—环境"综合发展水平 A	旅游水平 B_1 （0.3865）	X_1	A级以上旅游资源	0.0938	0.0240	0.0589	3
		X_2	旅行社数量	0.0127	0.0359	0.0243	17
		X_3	星级酒店数	0.0227	0.0292	0.0259	14
		X_4	旅游总收入	0.0867	0.0324	0.0596	2
		X_5	旅游总收入占GDP比重	0.0604	0.0331	0.0467	5
		X_6	旅游总收入占第三产业GDP比重	0.0410	0.0406	0.0408	7
		X_7	旅游总收入年增长率	0.0398	0.0238	0.0318	11
		X_8	住宿和餐饮业水平	0.0168	0.0335	0.0252	16
		X_9	接待旅游人次	0.0245	0.0303	0.0274	13
		X_{10}	游客增长率	0.0180	0.0278	0.0229	20
		X_{11}	公路旅客周转量	0.0156	0.0303	0.0229	19
	经济水平 B_2 （0.2819）	X_{12}	地区GDP	0.1219	0.0341	0.0780	1
		X_{13}	第三产业产值占GDP中比重	0.0183	0.0246	0.0215	23
		X_{14}	地方财政收入	0.0678	0.0364	0.0521	4
		X_{15}	人均GDP	0.0543	0.0304	0.0424	6
		X_{16}	邮电业务总量	0.0230	0.0323	0.0277	12
		X_{17}	固定资产投资额	0.0424	0.0330	0.0377	8
		X_{18}	公路总里程	0.0131	0.0322	0.0226	21
	社会水平 B_3 （0.1654）	X_{19}	人口密度	0.0048	0.0240	0.0144	32
		X_{20}	人口自然增长率	0.0065	0.0210	0.0137	33
		X_{21}	城镇化率	0.0156	0.0241	0.0198	26
		X_{22}	第三产业就业人数	0.0320	0.0326	0.0323	10
		X_{23}	第三产业年底就业人数占比	0.0220	0.0295	0.0257	15
		X_{24}	社会消费品零售总额	0.0097	0.0342	0.0219	22
		X_{25}	居民人均可支配收入	0.0476	0.0273	0.0375	9

目标层 （A）	准则层 （B）	指标层 （X）		AHP 权重	熵值法 权重	综合 权重	综合 排序
"旅游－经济－社会－环境"综合发展水平 A	环境水平 B_4 （0.1663）	X_{26}	人均城市道路面积	0.0147	0.0280	0.0213	24
		X_{27}	人均公共绿地面积	0.0156	0.0209	0.0183	29
		X_{28}	建成区绿化覆盖率	0.0164	0.0171	0.0168	30
		X_{29}	城镇生活污水处理率	0.0063	0.0229	0.0146	31
		X_{30}	居民生活垃圾处理率	0.0043	0.0205	0.0124	34
		X_{31}	工业烟（粉）尘排放量	0.0047	0.0329	0.0188	28
		X_{32}	工业 SO_2 排放量	0.0067	0.0415	0.0241	18
		X_{33}	工业废水排放量	0.0089	0.0323	0.0206	25
		X_{34}	工业固体废弃物综合利用率	0.0115	0.0275	0.0195	27

表4－13表明，经层次分析法与熵值法综合赋权，成都平原经济区"旅游－经济－社会－环境"综合发展的影响因素重要程度从大到小排序为旅游水平（B_1）、经济水平（B_2）、环境水平（B_4）、社会水平（B_3），其权重分别为0.3865、0.2819、0.1663、0.1654。相较于单独的层次分析法赋权或熵值法赋权，综合赋权后各维度权重分布更为合理，能够更为科学合理地反映成都平原经济区"旅游－经济－社会－环境"的综合发展情况。

指标层（X）权重表明，经综合赋权：（1）旅游水平（B_1）维度中，旅游总收入（X_4）成为权重最高的指标，与A级以上旅游资源（X_1）、旅游总收入占GDP比重（X_4）共同排名前3，游客增长率（X_{10}）成为影响力最低的指标；（2）经济水平（B_2）维度中，地区GDP（X_{12}）、地方财政收入（X_{14}）、人均GDP（X_{15}）仍然是权重前3的指标，第三产业产值占GDP中比重（X_{13}）的权重远远低于其他指标；（3）社会水平（B_3）维度中，居民人均可支配收入（X_{25}）第三产业就业人数（X_{22}）权重最高，人口自然增长率（X_{20}）影响力最小；（4）环境水平（B_4）维度中，各指标权重差异较小，其中工业 SO_2 排放量（X_{32}）权重最高，为0.0241，居民生活垃圾处理率（X_{30}）权重最低，为0.0124。

指标层（X）综合赋权结果表明，地区GDP（X_{12}）、旅游总收入（X_4）、A级以上旅游资源（X_1）、地方财政收入（X_{14}）、旅游总收入占GDP比重（X_5）成为影响成都平原经济区"旅游－经济－社会－环境"综合发展前5的指标，权重总量为0.2954，接近全部指标的三分之一；建成区绿化覆盖率

（X_{28}）、城镇生活污水处理率（X_{29}）、人口密度（X_{19}）、人口自然增长率
（X_{20}）、居民生活垃圾处理率（X_{30}）等 5 个指标权重最低，总量仅为 0.0719。

4.5　成都平原经济区"旅游—经济—社会—环境"发展水平综合评价

　　根据成都平原经济区"旅游—经济—社会—环境"发展水平评价指标标准
化矩阵及其综合权重，采用 3.2.2.5 小结的方法计算综合评价值，结果如表
4—14 所示：

表 4—14　成都平原经济区"旅游—经济—社会—环境"综合评价值

城市	目标层（成都平原经济区"旅游—经济—社会—环境"综合发展水平）					
	准则层				综合评价值	排序
	旅游水平（B_1）	经济水平（B_2）	社会水平（B_3）	环境水平（B_4）		
成都	0.2715	0.2820	0.1654	0.0586	0.7774	1
德阳	0.0747	0.0409	0.0355	0.0496	0.2008	5
绵阳	0.0882	0.0519	0.0364	0.0738	0.2503	3
遂宁	0.0965	0.0170	0.0242	0.1269	0.2646	2
乐山	0.1387	0.0370	0.0268	0.0381	0.2406	4
眉山	0.0656	0.0229	0.0243	0.0593	0.1721	7
雅安	0.1264	0.0096	0.0078	0.0520	0.1958	6
资阳	0.0140	0.0124	0.0148	0.1275	0.1687	8

　　由表 4—14 和图 4—1 可以看出，成都的综合发展水平远超其余七座城市，
为 0.7774，是排名最后的资阳的 3.6 倍，同时，成都的旅游水平、经济水平、
社会水平也高于其余七座城市。旅游水平方面，除成都远高于其余城市外，乐
山和雅安的旅游水平处于第二梯队，资阳排名最后；经济水平方面，绵阳排名
第二，德阳排名第三，雅安排名最后；社会水平方面，成都遥遥领先，雅安和
资阳排名最后，其余各城市相差不大；环境水平方面，资阳排名第一，环境水
平最高，遂宁排名第二。具体如下：

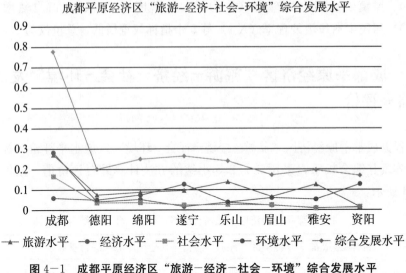

图4-1 成都平原经济区"旅游—经济—社会—环境"综合发展水平

1. 旅游水平

各城市的旅游水平差异较大，其中成都评分为0.2715，大幅领先其余城市；乐山评价值为0.1387，雅安评价值为0.1264，处于八座城市的第二梯队；资阳为评价值0.0140，排名最后，与排名第一的成都相差18倍；德阳、绵阳、眉山、遂宁的评价值差异不大。十九大以来，成都平原经济区各城市通过对传统旅游资源的开发利用、精心打造旅游资源、创新开展旅游节事活动等方式不断丰富扩大自身旅游资源类别与总量，旅游水平的提升推动了地区综合发展，特别是为以旅游为重要产业的城市提供了强大的支撑。

2. 经济水平

发展经济是地区综合发展的直接目标。成都平原经济区通过发展旅游产业，带动了与旅游"吃、住、行、游、购、娱"六大要素相关的产业发展，推动了地区经济的发展。其中，成都的经济水平排名第一，为0.2820，是排名最后的雅安的28倍，同时，成都的经济水平也远超其余城市。可以看出，成都平原经济区的经济水平空间差异较大，各城市拥有的资源以及发展的水平差异也较大。地区的综合发展首先是经济发展，只有经济的快速发展才能保障政府的财政支出，保障各项资源的可持续发展，保障地区的可持续发展。

3. 社会水平

社会水平是地区综合发展的重要组成部分。成都的社会水平最高，为0.1654，雅安的社会水平最低，为0.0078，两座城市的社会水平相差巨大。

社会水平包括人口密度、人口自然增长率、城镇化率、第三产业就业人数、第三产业年底就业人数占比、社会消费品零售总额和居民人均可支配收入等指标，纵观成都市与其他城市的指标数据，成都市均大幅领先其他城市。地区综合发展的根本在于为人民群众的生活提供保障，通过开发利用旅游资源，发展旅游产业，实现经济－社会－环境的综合效益，最终加强社会稳定程度，提升人民群众的生活水平。

4. 环境水平

环境水平是体现生态文明的重要方面。生态文明建设是新时期我国"五位一体"建设的重要组成部分，也是旅游可持续发展、经济建设与社会发展的内在要求。成都平原经济区的八座城市，成都市在旅游水平、经济水平和社会水平方面均排名第一，而在环境水平方面排名靠后，仅为 0.0586；资阳市作为旅游水平、经济水平倒数第一，社会水平倒数第二的城市，环境水平排名第一。反映出各个城市在发展旅游产业，实现经济社会发展的时候，均未注重环境水平的提升，或者说是以一定程度牺牲环境为代价发展的旅游产业，实现的经济社会发展。十八大提出生态文明建设后，各个城市应在调整经济结构的同时更加注重生态环境保护，合理安排生产、生活、生态用地空间，提升环境水平。

4.6　小结

在搜集、整理成都平原经济区"旅游－经济－社会－环境"综合发展水平评价指标数据的基础上，根据本研究的具体情况，首先采用极差变换法对数据进行无量纲化，其次，分别采用主观的层次分析法和客观的熵值法确定各指标权重，然后综合考虑两种方法的赋权结果，对各指标进行综合赋权。在此基础上，对成都平原经济区"旅游－经济－社会－环境"综合发展水平进行评价。结果表明：成都的综合发展水平远超于其余七座城市，为 0.7774，是排名最后的资阳的 3.6 倍，同时，成都的旅游水平、经济水平、社会水平也高于其余七座城市。旅游水平方面，除成都远高于其余城市外，乐山和雅安的旅游水平处于第二梯队，资阳排名最后；经济水平方面，绵阳排名第二，德阳排名第三，雅安排名最后；社会水平方面，成都遥遥领先，雅安和资阳排名最后，其余各城市相差不大；环境水平方面，资阳排名第一，环境水平最高，遂宁排名第二。

第五章 "旅游－经济－社会－环境"
耦合协调模型构建

5.1 协调度与耦合协调度模型

5.1.1 协调度模型

协调度模型通过测算多系统间的距离大小，判定各系统协同发展的水平，多系统协调度计算公式为：

$$C_n = \left[(u_1 \times u_2 \times u_3 \times \cdots \times u_n)/\Pi(u_i + u_j)\right]^{1/n}$$

当判定四元系统的协调度时，判断模型为：

$$C_4 = \left[(u_1 \times u_2 \times u_3 \times u_4)/(u_1 + u_2 + u_3 + u_4)^4\right]^{1/4}$$

为研究成都平原经济区"旅游－经济－社会－环境"四个维度间的协调发展水平，根据协调度公式构建如下模型：

$$C = \sqrt[4]{(u_1 \times u_2 \times u_3 \times u_4)/(u_1 + u_2 + u_3 + u_4)^4}$$

其中，C 为"旅游－经济－社会－环境"四个系统间的协调发展水平，取值区间 $C \in [0, 1]$，当 C 趋于 1 时，表明四个系统发展具有高协调度；当 C 趋于 0 时，表明四个系统越走向无序。u_1、u_2、u_3、u_4 分别为旅游水平、经济水平、社会水平和环境水平评价值。

协调度指数能有效判定"旅游－经济－社会－环境"四个维度的协调发展水平，但是不能全面反映四个系统的相互影响、相互作用的关系，如当某一城市"旅游－经济－社会－环境"四个系统的水平均较低时，二者可能出现高协调度，甚至超过二者的综合发展水平。为避免四个系统处于不同发展阶段而导致协调发展程度较低，需要在计算协调度的同时，考虑四个系统相互作用的关系，构建耦合协调度模型。

5.1.2 耦合协调度模型

构建耦合协调度模型，能够更加科学合理、更加全面地反映成都平原经济区"旅游－经济－社会－环境"四个系统间的协调发展处于何种水平，以及其相互作用程度大小。进一步构建耦合协调度模型如下：

$$T = \alpha u_1 + \beta u_2 + \gamma u_3 + \delta u_4$$

$$D = \sqrt{C \times T}$$

其中，T 表示"旅游－经济－社会－环境"四个系统的协调指数，即四个系统对整体耦合协调发展的贡献度指数。u_1、u_2、u_3、u_4 分别为旅游水平、经济水平、社会水平和环境水平评价值。α、β、γ、δ 为待定系数，考虑到"旅游－经济－社会－环境"四个系统具有同等的重要性，根据相关专家的建议，取 $\alpha = \beta = \gamma = \delta = 0.25$。$D$ 为四个系统的耦合协调度指数，$D \in [0, 1]$，当 D 趋于 1 时，表明四个系统发展具有高度的耦合协调度；当 D 趋于 0 时，表明四个系统越趋于无序。

5.1.3 耦合协调度评价标准

根据相关学者的研究成果[70]，为进一步明确成都平原经济区各城市"旅游－经济－社会－环境"四个系统所处的耦合协调阶段，本研究采用均匀分布函数确定耦合协调发展的类型及标准。

表 5-1 协调发展类型与评价等级划分

耦合协调度指数	评价等级	发展阶段
优质协调	0.90～1.00	协调阶段
良好协调	0.80～0.89	协调阶段
中级协调	0.70～0.79	协调阶段
初级协调	0.60～0.69	协调阶段
勉强协调	0.50～0.59	磨合阶段
濒临失调	0.40～0.49	拮抗阶段
轻度失调	0.30～0.39	拮抗阶段

耦合协调度指数	评价等级	发展阶段
中度失调	0.20～0.29	拮抗阶段
严重失调	0.10～0.19	拮抗阶段
极度失调	0～0.09	拮抗阶段

5.2 成都平原经济区"旅游－经济－社会－环境"耦合协调发展评价

为探究成都平原经济区"旅游－经济－社会－环境"的耦合协调发展水平，在第四章计算四个系统综合发展水平指数的基础上，利用耦合协调度模型对四者耦合协调发展指数进行计算，结果见表5－2和图5－1。

表5－2 成都平原经济区"旅游－经济－社会－环境"耦合协调发展评价表

城市	协调度 C	综合发展指数 T	耦合协调度 D	评价
成都	0.2123	0.1944	0.2031	拮抗阶段
德阳	0.2400	0.0502	0.1097	拮抗阶段
绵阳	0.2366	0.0626	0.1217	拮抗阶段
遂宁	0.1790	0.0662	0.1088	拮抗阶段
乐山	0.1989	0.0602	0.1094	拮抗阶段
眉山	0.2229	0.0430	0.0979	拮抗阶段
雅安	0.1353	0.0490	0.0814	拮抗阶段
资阳	0.1418	0.0422	0.0773	拮抗阶段

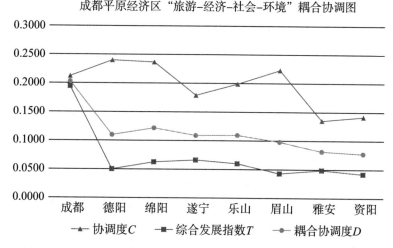

图 5-1　成都平原经济区"旅游－经济－社会－环境"耦合协调发展图

表 5-2 和图 5-1 表明，成都平原经济区八座城市的协调度、综合发展指数、耦合协调度均差异较大，其中，成都的综合发展指数最高，耦合协调度也最高，德阳的协调度排名第一。

1. 成都

成都市 2018 年"旅游－经济－社会－环境"综合发展指数为 0.1944，协调度为 0.2123，耦合协调度为 0.2031。其中综合发展指数和耦合协调度居经济区首位，协调度排名第四。结果表明，成都市的综合发展水平在经济区排名第一。

成都是成都平原经济区的核心城市，是我国西南地区最大的交通枢纽，拥有非常丰富的旅游资源。2006 年，国家旅游局和世界旅游组织将成都定为"中国最佳旅游城市"；2011 年，在全球网民推荐的中国文化名城活动中，成都以仅次于北京的票数被评为"最中国文化名城"。同时，成都也是我国农家乐旅游的发源地，是联合国教科文组织创意城市网络授予的"美食之都"。一系列的称号，不仅是对成都旅游产业发展的肯定，也是对成都继续发展好旅游业的鼓励。成都是中国中西部拥有世界遗产项目数量最多的城市，有 A 级景区 89 个、中国历史文化名镇 5 个、四川省历史文化名镇 11 个、历史文化名城3 个。丰富的旅游资源，为成都旅游产业的发展奠定了基础，为旅游产业推动经济、社会、环境的发展打好了根基。

2018 年，成都市接待游客 2.43 亿人次，同比增长 15.77%；实现旅游总收入 3712.59 亿元，同比增长 22.41%；接待入境游客 340.61 万人次，同比增长 13.04%。以上各项数据，均遥遥领先成都平原经济区其他七座城市，且旅游收入占成都 2018 年总 GDP 的 24%，成为成都经济的重要支柱产业。

在全域旅游方面，2018 年，成都市采取综合措施，全力推进国家全域旅游示范区创建工作。都江堰市、温江区、邛崃市被文化和旅游部确定为第一批国家全域旅游示范区创建单位，锦江区、崇州市、新津县、蒲江县被文化和旅游部确定为第二批国家全域旅游示范区创建单位。都江堰市建立 "1+3" 旅游综合监管模式，设立了旅游警察、旅游巡回法庭、旅游工商分局。都江堰市完成《都江堰市全域旅游发展规划》编制。温江区设立了旅游发展委员会。崇州市设立了旅游发展和景区管理委员会，组织举办了全市全域旅游发展业务培训会，着重就国家全域旅游示范区创建工作和全域旅游发展进行了专题辅导。都江堰市、崇州市全域旅游示范区创建项目获得 2018 年国家旅游发展基金补助地方项目资金各 300 万元。都江堰市、崇州市、温江区、邛崃市 4 家全域旅游示范区创建单位入选四川省 2018 年重点培育创建单位以及 2018 年国家旅游发展基金补助项目推荐名单。

在区域合作方面，2018 年，成都按照 "1+20" 工作思路和《成德眉资同城化发展合作协议》，充分发挥成都市首位城市的引领作用，主动加强与川南、川东南、川东北、攀西经济区、川北生态示范区和成都平原经济区的协同发展，加强与德阳市、眉山市、遂宁市、南充市、资阳市、宜宾市、广元市、自贡市、阿坝州、甘孜州等市（州）的旅游合作，在项目合作、市场营销、人才交流、联合旅游执法等方面开展了多领域的合作，具体包括推进成都—资阳旅游一体化合作工作、联合多地区区域合作、助推旅游项目合作、开展联合旅游宣传营销推广活动等。

在经济发展方面，旅游产业在成都市的发展过程中发挥了举足轻重的作用，随着旅游产业的发展以及辐射作用的发挥，成都市经济总量从 1978 年的 35.94 亿元到 2018 年超过了 1.5 万亿元，经济水平的提升带动了社会水平和环境水平的提升。在社会经济发展之中，成都不断调整产业结构、投资结构、消费结构、城乡结构和动能结构，发展更具协调性和持续性。

在生态文明建设方面，2018 年，成都出台了《中共成都市委关于深入贯彻落实习近平总书记来川视察重要指示精神　加快建设美丽宜居公园城市的决定》，开启具有成都特色的新时代生态文明建设新篇章；出台了《成都市生态文明体制改革方案》，着力推进包括完善资源有偿使用、生态补偿制度等在内的八大重点改革任务，加快构建生态文明制度 "四梁八柱"；建立健全生态文明绩效评价考核制度，出台了《生态文明建设目标评价考核办法》，设立 50 项绿色发展评价指标、25 项生态文明建设考核目标，动态评估各区（市）县推进生态文明建设的进展和成效。

2. 德阳

德阳市位于川西平原北部，东北接绵阳市，东南与遂宁、资阳 2 市交界，西南连成都市，西与阿坝藏族羌族自治州接壤。德阳交通便捷，形成了到成都市、绵阳市"半小时车程"，到成都双流国际机场、绵阳机场"1 小时车程"，到德阳市各县（区）"半小时经济圈"。2018 年，德阳有人文景观 18 处、自然风景区 21 处，国家 A 级景区 15 个。

在旅游产业发展方面，2018 年，德阳接待国内游客 4332.5 万人次，同比增长 29.7％；接待入境游客 4.6 万人次。实现旅游总收入 385.3 亿元，同比增长 35.1％。2018 年，德阳在抓好旅游项目建设储备的同时，严守准入机制，对申请经营国内游和入境游业务的旅行社及其分支机构严格进行审批和备案。在旅游宣传方面，2018 年，德阳加大传统媒体宣传力度，拓展网络宣传渠道，打造全域智慧乡村游建设模式，提升乡村旅游业主自主营销能力。一是积极参加 2018 中国特色旅游商品大赛，获得金奖 3 个，位列四川省第一；二是开展德阳旅游中国香港、澳门宣传推介活动，吸引香港主要旅游运营商的广泛关注，促进全市入境旅游市场开拓；三是开展高铁旅游营销，进一步拓宽了德阳旅游客源地市场；四是积极参加国内多个重要旅游展会，多角度展示推介德阳旅游形象。

在经济发展方面，2018 年，德阳坚决贯彻落实中央大政方针，落实省委构建"一干多支、五区协同"区域发展决策部署，明确建设全省经济副中心城市战略定位。全年实现地区生产总值 2213.9 亿元、增长 9％。

在社会发展方面，一是教育事业加快发展，包括义务教育、高中、大学等均取得了进步；二是医药卫生体制改革纵深推进，县域内就诊率居全省首位；三是全民健身活动蓬勃开展，出台了《德阳市人民政府关于加快发展体育产业促进体育消费的贯彻意见》《德阳市足球改革发展实施意见》《德阳市全民健身实施计划（2016—2020 年）》；四是促进就业，2018 年全市城镇新增就业 45268 人，失业人员再就业 10676 人，就业困难人员就业 3797 人，全市就业局势总体保持稳定；五是人民生活水平提高，2018 年德阳城镇居民人均可支配收入 32215.6 元，总量位于全省第四；农村居民人均可支配收入 16583.3 元，位于全省第三。

在生态文明建设方面，2018 年，德阳严把项目环境准入关，发展节能环保产业。推进涉磷污染防治、黑臭水体整治、环保基础设施建设、农业农村污染治理、饮用水水源地问题整治，完成 68 个行政村环境问题综合整治，罗江县、旌阳区成功创建为省级生态县（区）；德阳经济技术开发区创建为省级生态工业园区；罗江被列为全国农村人居环境试点县。同时，环保基础设施不断完善，全面启动城乡生活污水处理厂建设、建成投运 38 个，划定 3 个城市、6 个乡镇饮用水水源地保护区，完成 9 个县级以上饮用水水源地问题整改工作。

3. 绵阳

绵阳市位于四川盆地西北部，市区南距成都市 98 千米，东距重庆市 300 余千米，北距西安市 680 千米，位于成都、重庆、西安"西三角"的腹心地带，是"一带一路"和长江经济带结合部和连接线上的重要支点城市。绵阳市人文绚烂，风光旖旎，是四川省历史文化名城、中国唯一的科技城，国家森林城市、国家环保模范城市、中国优秀旅游城市，大九寨国际旅游环线和三国蜀道文化国际旅游线上的主要节点；拥有"北川羌城旅游区"国家 5A 级景区，药王谷、九皇山、七曲山大庙、报恩寺、窦圌山等国家 4A 级景区 15 个。

2018 年，绵阳"旅游－经济－社会－环境"综合发展指数为 0.0626，协调度为 0.2366，耦合协调度为 0.1217。结果表明绵阳市"旅游－经济－社会－环境"四个系统发展的协调度较高，但综合发展水平不足。

经济发展方面，2018 年，绵阳围绕全面建成小康社会、率先建成全省经济副中心的目标，打造"686"现代产业体系，加快释放内需潜力，培育发展新动能，全市经济保持健康发展。实现地区生产总值 2303.82 亿元，总量居全省第 2 位，同比增长 9%，分别高于全国、全省 2.4 和 1 个百分点，在西部同类城市中的排名由第 11 位上升至第 8 位。三次产业结构优化调整为 3.1：40.3：46.6，服务业增加值增长 10.8%，自建市以来首次排名全省第 1 位。固定资产投资中，绵阳投资总量由全省第 7 位上升至第 6 位，增速自建市以来首次居全省第 1 位。

社会发展方面，一是实施全面决战决胜脱贫攻坚系列措施，全市投入 36.1 亿元，实施扶贫专项 23 个，脱贫攻坚工作取得阶段性成绩；二是全面发展民生和社会事业，2018 年，绵阳投入资金 80.56 亿元，实施 10 项民生工程，办好 20 件民生实事，民生和社会事业取得了丰硕的成绩，成功蝉联全国文明城市；三是持续提高社会治理水平，通过深入推进法治绵阳建设和加强基层基础工作，努力构建自治、法治、德治相结合的治理体系，基层治理水平不断提升。

环境发展方面，绵阳围绕改善环境质量为核心，建设幸福美丽绵阳，结合中央、省环保督察，持续打好污染防治"三大战役"，解决影响群众健康和社会稳定的突出环境问题，出台《绵阳市环境污染防治"三大战役"实施方案》《绵阳市生态环境监测网络建设实施方案》。在生活污水、垃圾设施建设，生态产业发展，资源无害化处置和循环利用，生态文明机制制度完善等环节加大工作力度。

4. 遂宁

遂宁市地处四川盆地中部、涪江中游。2018年，遂宁"旅游－经济－社会－环境"综合发展指数为0.0662，协调度为0.1790，耦合协调度为0.1088。四个系统的发展水平在成都平原经济区中均不高。

旅游发展方面，遂宁市历史悠久，文化灿烂，生态良好，是中国观音文化之乡，获得全国文明城市、全球绿色城市、国际花园城市、国家卫生城市、中国优秀旅游城市等20余张城市名片，被评为"中国十佳宜居城市"，是西部唯一的国家海绵城市建设试点地级市。2018年，遂宁接待游客4971.36万人次，同比增长14.11%；实现旅游总收入467.22亿元，同比增长21.3%，旅游业已成为全市经济社会发展的重要支柱产业。遂宁市以全域旅游为统揽，以加快旅游业供给侧结构性改革为主线，以建设国际知名特色康养和休闲度假旅游目的地为核心，高举创意旅游大旗，推动全市旅游转型升级、提质增效，加快构建好吃、好看、好心情"三好"旅游体系。全市旅游经济稳步增长，旅游产品不断丰富，旅游形象大幅提升。

经济发展方面，2018年，遂宁大力实施富民强市"一二三四五"总体战略，全面融入全省"一干多支、五区协同"区域发展新格局，与成都共同推进6大类59个成遂协同发展重大项目及事项，在"成都企业市州行"活动中签署专项协议21个，加强与绵阳、广安等市的合作。出台促进民间投资健康发展"45条"和促进民营经济健康发展"19条"，全市民营经济增加值增长8.9%。

社会发展方面，一是脱贫攻坚再战告捷，社会扶贫、构树扶贫、以购助扶、扶贫信息化建设等经验在全省推广；二是民生事业全面发展，财政民生支出达174亿元，占一般公共预算支出的69.1%，九项民生工程和18件民生实事全面完成。三是城市功能不断完善，实施"缓堵保畅"三年攻坚行动。四是制定乡村振兴规划建设实施意见、美丽乡村规划建设导则等系列文件，全面启动10个市级乡村振兴试点村建设，成功举办全国首届"绿点大赛"，射洪县、蓬溪县天福镇分别入选全省乡村振兴规划试点县和示范镇。

环境发展方面，2018年，遂宁严格落实中央和省生态环境保护督察及"回头看"反馈问题整改，全面打响污染防治"八大战役"。全年空气质量优良天数达 326 天，超额目标天数排名全省第一。同时，深入推进河（湖）长制工作，最严格水资源管理工作获评全省"优秀"。开工建设渠河饮用水源取水口集中北移工程，中心城区黑臭水体消除比例达 100%，县级以上饮用水源水质达标率常年保持 100%，扎实开展大规模绿化全川遂宁行动，完成营造林 17.9 万亩，森林覆盖率提高 1.9 个百分点、达到 33.5%。

5. 乐山

乐山市位于川南、攀西、成都三大经济区结合部，横跨成渝经济区、成绵乐发展带和沿长江发展带，北与眉山市接壤，东与自贡市、宜宾市毗邻，南与凉山彝族自治州相接，西与雅安市连界。2018 年，乐山"旅游－经济－社会－环境"综合发展指数为 0.0602，协调度为 0.1989，耦合协调度为 0.1094。

旅游发展方面，乐山市旅游优势突出，素有"天下山水之观在蜀，蜀之胜曰嘉州"的美誉。全市生态良好、景城相融、文化厚重，拥有"名山、名佛、名城、名人"4 张名片，全市森林覆盖率达到 55.5%，世界级和国家级旅游资源多达 37 处，是中国优秀旅游城市、国家历史文化名城、国家园林城市、国家级旅游业改革创新先行区、国家全域旅游示范区创建市、国家服务业综合改革试点市。2018 年，乐山市接待游客 5733.55 万人次，同比增长 11.89%；实现旅游总收入 892.59 亿元，同比增长 16.06%。旅游产业是乐山市综合发展的重要产业，同时，旅游产业也在扶贫工作中发挥重要作用。2018 年，乐山实施精准扶贫和带动全域扶贫，通过发展旅游产业，每年将直接帮助村集体和村民增收约 80 万元。

经济发展方面，2018 年，乐山市地区生产总值 1615.09 亿元，同比增长 8.70%，增速居全省第七位。经济的发展，保障了就业、物价等的平稳发展。三次产业结构调整为 13.0：43.0：44.0，第三产业对全市经济贡献的比例进一步增高，其中服务业增加值增长 10.30%，增速居全省第二位。第一产业方面，2018 年，乐山实现第一产业增加值 16592 亿元，农业综合排名由 2016 年的全省第十二位上升至第五位。第二产业方面，乐山工业增加值为 657.38 亿元（占 GDP 的 40.70%），工业对经济增长贡献率为 50.70%，从以上数据可以看出，工业是乐山经济发展的核心产业之一。

社会发展方面，2018 年，乐山一是优先发展教育事业，在幼儿园教育、小学教育、中学教育等方面取得了优异的成绩。二是深入推进健康乐山建设，加快发展文化体育事业，2018 年新增医疗联合体 12 对、国家卫生乡镇 6 个，创建成为国家公共文化服务体系示范区。三是促进就业，城镇登记失业率控制在 4% 以内。四是中心城区供水质量保障能力全面提升，实现"一张网、全覆盖、双水源、互备用"。乐山市旅游水平在成都平原经济区八座城市排名第二，旅游产业的发展，从就业水平、居民收入水平等方面推动了乐山市社会事业的发展，为社会和谐稳定作出了旅游贡献。

环境发展方面，2018年，乐山的空气质量、水环境质量较以往均有较大改善，其中空气质量综合指数约4.40，虽然仍然是未达标城市，但是为2015年国家实行现行考核办法以来最好的成绩。在污染物总量减排和工业污染治理方面，2018年，乐山完成了四川省下达的四项主要污染物减排目标，开展了工业领域污染综合整治，推进了"散乱污"企业整治力度。同时，乐山实施了《乐山市集中式饮用水水源保护管理条例》，深入开展绿秀嘉州行动，全面实施河（湖）长制，全市河湖堰渠实现全覆盖管护，进一步改善了居民用水条件。在节能减排方面，乐山严格落实节能减排降耗政策措施，开展燃煤小锅炉治理，在全省率先实现小型烟煤锅炉"清零"。综上，在环境发展方面，乐山高度重视生态文明建设，多方面、多渠道地出台多项措施，在经济发展的同时，保护好了环境，做好了生态文明建设。

6. 眉山

眉山市位于成都平原西南边缘、岷江中游，眉山市是距离成都市最近的地级市，属大成都旅游圈范围，处于大峨眉旅游环线上。北距成都市、南距乐山市60余千米，城际铁路、成昆铁路、成乐高速、国道213线、国道103线、岷江水道并行纵贯南北，国道106线横跨东西，交通优势明显。2018年，眉山"旅游—经济—社会—环境"综合发展指数为0.0430，协调度为0.2229，耦合协调度为0.0979。

旅游发展方面，眉山市是"三苏"（苏洵、苏轼、苏辙）故里、省级历史文化名城，境内旅游资源丰富，全市30个A级旅游景区。2018年，眉山市接待游客4790.71万人次，实现旅游收入404.29亿元，占地区GDP总量的32%。2018年，为进一步推动旅游高质量发展，按照"一干多支、五区协同"发展格局和"建设成都经济圈开放发展示范市"的定位，眉山启动了《眉山市全域旅游发展总体规划（2018—2030年）》《眉山市全域旅游发展三年行动计划（2018—2020年)》编制工作，全面梳理了现有旅游资源，分析了旅游发展的优势、劣势、机遇和挑战，从顶层设计上为眉山旅游发展提供了制度保障。同时，眉山加大对旅游项目的打造，具体包括大峨眉国际旅游西环线项目、黑龙滩国际生态旅游度假区项目、丹棱国家乡村公园项目、七里坪太阳季度假乐园项目、恒大养生谷项目、中日国际康养城项目。最后是加强国内国际的旅游宣传营销，如制作眉山旅游宣传片并在中央电视台13套栏目等播出宣传，组织全市旅游企事业单位参加"2018 中国—东盟博览会旅游展""味在眉山香飘世界"香港站等。

经济发展方面，2018 年，眉山市地区生产总值为 1256.02 亿元、同比增长 7.5%，三次产业结构为 14.8∶44.2∶41.0，人均地区生产总值为 42155元、增长 7.8%。农业方面，农林牧渔业总产值 320.27 亿元，比上年增长 3.7%，其中，眉山重点实施了"乡村振兴"战略，建设"六有"新乡村，推进乡村大振兴的做法受到国务院办公厅通报表扬并专刊刊发。工业方面，2018年，眉山以重大工业项目、传统产业转型、特色产业培育为重点，以成眉工业同城、"3135"产业培育为抓手，加快构建现代产业体系，推动工业实现高质量发展，全方位融入"5+1"，精准培育"3135"产业，全方位对接成都市，深入推进工业同城，全方位补齐短板，推动工业提质增效，全方位服务项目，促进多引真投快建，全方位开拓市场，多措并举激发活力。实现规模以上工业增加值同比增长 9%，居全省中列。

社会发展方面，眉山市多措并举提升了人民生活水平，强化了社会保障。如教育方面，眉山市教育工作围绕"提高教育质量，促进教育公平"思路，坚持立德树人，优化资源配置，推进事业协调持续发展，办好各级各类教育，促进内涵发展，6 个区县全面实现县域内义务教育基本均衡。

环境发展方面，2018 年，眉山市发展改革委、市统计局、市环境保护局、市委组织部联合制定出台《眉山市绿色发展指标体系》《眉山市生态文明建设考核目标体系》，将生态文明建设绿色发展纳入市目标绩效考核。同时，眉山市加大生态文明投资力度，实施《生态文明投资千亿大会战实施方案》，完成生态文明投资 243.61 亿元。同时，在"河长"治水工作推进、节能改造、水电站整治、长江经济带保护、项目管控等方面实施一系列措施，促进了眉山市环境治理水平的提升。

7. 雅安

雅安市位于四川盆地西部边缘、长江上游，为地级市，下辖 2 个市辖区和6 个县，位于川藏、川滇公路交会处，距成都 120 公里，是四川盆地与青藏高原的结合过渡地带、汉文化与民族文化的结合过渡地带、现代中心城市与原始自然生态区的结合过渡地带，是古南方丝绸之路的门户和必经之路，曾为西康省省会。2018 年，雅安"旅游－经济－社会－环境"综合发展指数为 0.0490，协调度为 0.1353，耦合协调度为 0.0814。

旅游发展方面，雅安市自古有"川西咽喉""藏区门户""民族走廊"之称，是世界上第一只大熊猫的科学发现地、命名地和模式标本产地，先后获得了"中国低碳先锋城市""国家级生态示范区""中国生态气候城市"等称号，是中国优秀旅游城市、全国休闲农业与乡村旅游示范市，自然和人文旅游资源丰富，景区（景点）分布面广。2018年，雅安市接待游客3740.58万人次，同比增长17.2%；实现旅游总收入320.42亿元，同比增长25.6%。旅游收入的增长，在带动了经济增长的同时，也带动了社会就业，促进了社会发展。2018年，雅安市按照"月月有活动"工作要求，策划、组织或指导县（区）开展特色鲜明的旅游主题宣传营销活动，举办了蒙顶山茶文化旅游节、首届"雅安味道"美食旅游季活动、梨花节、桃花节、黄果柑节、红叶节、冰雪节等特色文化旅游节庆活动。一系列活动的开展，极大地促进了经济增长和就业。同时，雅安抓住成雅动车开通这一契机，在成都市举办了"坐动车游雅安"专题推介会，针对雅安的最大客源地做针对性推介，间接促进了旅游产业的发展。发展贫困地区的旅游产业是雅安市扶贫的重要措施，2018年，雅安市整合相关行业资金实施"六大类"涉旅扶贫项目33个，实际完成投资4.2亿元，助力17个全国旅游扶贫重点村退出。

经济发展方面，2018年，雅安市地区生产总值（GDP）为646.10亿元，比2017年增长8.1%，人均地区生产总值41985元，比2017年增长8.0%。三次产业中，工业仍然为雅安的支柱产业，工业增加值247.52亿元，增长9.2%，对全市经济增长的贡献率为47.6%。同时，第三产业快速发展，带动了经济水平的提升。经济的快速发展，极大地提升了雅安人民生活水平，促进了地区稳定。

社会发展方面，雅安市2018年出台了多项措施，包括《关于加快推进卫生与健康事业发展的意见》《关于进一步加强和完善城乡社区治理的实施意见》《雅安市乡村振兴战略规划（2018—2022年）》等，从教育、医疗、养老、健康等方面全面提升了雅安社会治理水平，促进了雅安社会事业的发展。

环境发展方面，2018年是雅安市大力开展环境治理之年，首先，从顶层设计出发，印发《雅安市生态环境保护"十三五"规划》，明确雅安市"十三五"时期环境保护工作的奋斗目标和主要任务。其次，进一步加快建立健全湿地保护修复制度，全面保护湿地；第三，印发《雅安市第二次全国污染源普查实施方案》，通过普查，全面掌握污染源情况，进而着手治理；第四，对农村生活污水开展治理，提升村民的生活水平；最后是进一步加强水土保持工作。

8. 资阳

资阳市地处四川盆地中部偏西，境内地势西高东低，以丘陵为主，分为低山、丘陵、河流冲击坝3种地貌类型，市区距成都市87千米，有成渝铁路、成渝高速公路、遂资眉高速公路以及国道318线、319线、321线等骨干交通干线，川西环线、省道106线及沱江穿境而过。2018年，资阳"旅游－经济－社会－环境"综合发展指数为0.0422，协调度为0.1418，耦合协调度为0.0773。

旅游发展方面，资阳市旅游资源丰富，全市拥有旅游景区（景点）38个，有国家A级旅游景区9个。2018年，资阳市接待游客2551.05万人次，同比增长13.6％，实现旅游总收入190.12亿元，同比增长17.3％。资阳市旅游资源、旅游总收入、旅游接待人次等各项数据，均为成都平原经济区八座城市末位，但相较资阳以往的成绩有一定的进步，可以看出资阳在发展旅游产业方面的努力。在旅游资源建设方面，2018年，资阳首先是强化项目策划包装，如精心包装推出花溪河、卧佛院—莲花湖度假旅游等项目68个，总投资达到600亿元。其次是开展多种形式的招商，如与深圳祺润文旅公司签订委托招商协议。2018年，资阳通过积极融入成都平原经济区，尤其是与成都的融合，着力推进成资旅游同城化率先取得突破，与成都市旅游局建立了旅游产业发展协调推进机制，达成同步规划、营销宣传、协同执法、推出成资旅游年卡等合作事项。同时，实施"旅游＋"战略，推动旅游与文化、农业、康养、体育等融合发展。最后，资阳加速推进全域旅游布局，建设成渝中心城市旅游产业配套市场，深入实施全域旅游基础设施和要素配套，抓好全域旅游要素供给服务配套和基础设施建设，配合交通运输局加快推进花溪河、陈毅故里等旅游快速通道建设。

经济发展方面，2018年，资阳市始终把稳增长摆在突出位置，贯彻落实国省稳增长系列政策措施，在全省率先出台高质量发展实施意见，制定实施2018年全市争取国省政策项目资金平台责任分工方案，积极应对各种困难和挑战，实现国民经济总体平稳，稳中向好。全年实现地区生产总值1066.5亿元，其中第一产业增加值166.8亿元；第二产业增加值507.6亿元；第三产业增加值392.1亿元。三次产业结构比为15.6：47.6：36.8，由三次产业结构比例可以看出，第二产业是资阳的支柱产业。经济发展离不开项目的实施，2018年，资阳开展"项目投资攻坚年""项目策划月"活动，创新举措全力破解项目投资难题，全市投资实现恢复性增长。全年策划储备重点项目754个，估算总投资4189.7亿元，极大地推动了经济发展。同时资阳实施产业转型升级，工业经济实现提速增效，战略性新兴产业占比达18％，先进制造业占比达38％。

社会发展方面，2018年全面完成省市民生工程和民生实事，民生支出占地方一般公共预算支出的 66.5%。全年城镇新增就业 19919 人，城镇登记失业率 3.9%。全覆盖开展驻村帮扶，创新推进"十大产业扶贫"模式，完成 81 个贫困村退出、4.4 万贫困人口脱贫任务，已脱贫对象稳定达标。改造提质义务教育学校 12 所，全市 80%学校实现信息化"三通"，天府口腔学院、环境职业学院完成主体工程。与华西医院、省人民医院等合作办医持续深化，立项省级重点专科 2 个，市人民医院创建为三乙综合医院。市民政福利园、全民健身中心建成投用，省级文明城市通过省级年度测评。从以上数据可以看出，资阳市在社会发展方面投入了大量的人、财、物资源，虽然相较核心城市成都还有非常巨大的差距，但是资阳市的整体社会水平在不断提高。

环境发展方面，2018 年，资阳市环境保护工作以接受中央、省环保督察"回头看"为契机，全面落实推进生态文明建设和环境保护的决策部署，狠抓各项工作具体落实，着力解决环境突出问题，圆满完成了迎接中央、省环保督察"回头看"等重大任务，制定了一系列环境保护制度，推动形成政府、企业、公众共治的环境保护体系。一是制定实施空气质量改善措施，通过制定并实施《资阳市环境空气质量限期达标规划》，重点围绕中心城区开展建筑工地抑尘、城区道路降尘、油烟烟尘除尘、秸秆禁烧控尘、工业企业压尘等城区扬尘治理"五大战役"。二是创新河长制工作机制，创新"河长制+"模式（河长制+机制、河长制+社会河长制+宣教），从机制体制、社会监督、能力水平等方面深入推进全市水污染防治，实现"河长制"到"河长治"转变。三是打造山青景美园林城市继续加强山体保护和生态修复，推进裸露山体补植、山体健身步道建设、城区"一街一景"打造，实施增绿、提质、护绿、增靓、增色"五大行动"，先后启动实施"城市双修"工程、大规模绿化全市行动、中心城区改造完善提升三年攻坚行动。

第六章 成都平原经济区"旅游-经济-社会-环境"协同发展的路径

自四川省政府 2016 年印发《成都平原经济区"十三五"发展规划》以来，成都平原经济区、旅游产业、经济、社会、环境取得了跨越式的发展，随着产业融合的深入，旅游产业逐步成为经济、社会和环境发展的重要产业，因此，走"旅游-经济-社会-环境"协同发展之路成为必然趋势。本章结合前述各章研究，就成都平原经济区"旅游-经济-社会-环境"协同发展探索如下路径：

6.1 做强成都极核和主干功能，充分发挥辐射引领带动作用

成都是国家中心城市，是成都平原经济区的极核和主干，近年来，成都加快建设美丽宜居公园城市、国际门户枢纽城市和世界文化名城，加快向可持续发展的世界城市迈进，"主干"引领辐射带动作用更加明显。首先，成都应加快天府新区发展。践行公园城市理念，努力将天府新区打造成为宜业宜商宜居宜游的公园城市、西部地区最具活力的新兴增长极、面向全球配置资源的内陆开放经济高地。其次，应加快东部新区和科学城建设。东部新区是践行公园城市理念的先行区，在打造东部新区的过程中，要优化空间资源配置，发展航空经济、现代物流、国际消费、智能制造、总部经济等现代产业。2020 年 6 月，科学城首度亮相，科学城是未来的科技城，应推动重大科技基础设施集聚发展，努力在前沿医学、区块链、能源互联网、航空航天等领域形成策源能力，建设具有全国影响力的科技创新中心。第三，大力推进成德眉资同城化发展。由四川省政府制定四城同城化发展顶层设计，出台基础设施互联互通、产业协同发展等相关政策。具体到旅游产业，成德眉资可挖掘区域内旅游资源，携手打造精品旅游线路，支持旅游新业态的发展，促进旅游产业融合发展。最后，成都应主动与成都平原经济区其余七城融合，一体发展。

6.2　依托成渝双城经济圈，打造旅游发展新增长极

成渝地区双城经济圈位于长江上游，地处四川盆地，东邻湘鄂、西通青藏、南连云贵、北接陕甘，是我国西部地区发展水平最高、发展潜力较大的城镇化区域，是实施长江经济带和一带一路战略的重要组成部分。从 2011 年《成渝经济区区域规划》出台，到 2016 年《成渝城市群发展规划》印发，再到确定"成渝地区双城经济圈"，成渝两地一体化发展理念贯穿始终。2020 年 1 月，中央财经委员会第六次会议强调，成渝地区双城经济圈建设是一项系统工程，要加强顶层设计和统筹协调，突出中心城市带动作用，强化要素市场化配置，牢固树立一体化发展理念，做到统一谋划、一体部署、相互协作、共同实施，唱好"双城记"。依托成渝地区双城经济圈，在全域旅游规划指导下，成都平原经济区八城充分挖掘自身旅游资源，打造绿色可持续的旅游产业链，有利于实现以旅游产业为核心的新增长极，推动成都平原经济区经济效益、社会效益和环境效益三效合一地发展。

6.3　加强基础设施互联互通，畅通资源要素流动渠道

加强基础设施互联互通是实现成都平原经济区协同发展的基础条件，通过基础设施尤其是交通设施的互联互通，推动形成布局合理、功能完善、衔接顺畅、运作高效的基础设施网络，基础设施应该是优质、可靠并且是可持续的。首先，应加快成都平原经济区八座城市间的高速公路建设，畅通完善主干线；其次，要加快完善城际快速路网体系；第三，建设成都平原城市群一体化轨道交通体系，打造经济区公共出行便捷通道；最后，应实施八座城市间交通一卡通，保障百姓出行。

6.4　共建共享，打造基本公共服务共同体

共建共享是成都平原经济区实现整体提升的必要途径，也是构建社会主义和谐社会的重要手段。成都平原经济区八城应该在教育、就业、医疗等公共事务方面打造基本公共服务共同体。首先是教育，应合理配置八城小学、中学和大学的教育资源，努力让优质的学校更加优秀，落后的学校通过资源配置、一

对一帮扶等措施积极提升教育水平，推动全区域教育水平提升。其次是医疗，应充分发挥成都地区三甲医院的医疗优势，带动经济区其余医院提升医疗水平，同时，提升经济区各医院的协作水平，保障区域医疗保障和转接等。第三是就业，成都平原经济区有着非常充足的劳动力，应通过共享人力资源市场信息、完善社会保障体系，从政策咨询、职业指导、职业介绍、创业服务等方面共建公共就业服务体系。最后是公共事务协同治理，八城应在应急管理、食品药品安全、灾害防治和安全生产等方面加强协同治理，共同促进区域发展。

6.5　加强生态文明建设，行绿色化发展之路

生态兴则文明兴，生态衰则文明衰。2012 年以来，关于生态文明建设的新思想、新论断、新要求陆续出台，政府部门一系列的政策表明了我国建设生态文明社会的决心，而这些政策也将成为"旅游－经济－社会－环境"协同发展切实可行的指导与路径，作为"五位一体"发展战略的重要组成部分，2017年党的十九大又将生态文明建设的战略地位进一步提升。

生态文明建设是"旅游－经济－社会－环境"协同发展必须遵循的核心规律，"旅游－经济－社会－环境"协同发展是生态文明建设的重要抓手。旅游产业作为举世公认的无烟产业、绿色产业，具有资源能耗低且社会、经济与生态综合效益高等特点，但不科学合理的旅游资源开发与利用同样会造成生态威胁，降低经济社会效益，因此必须采取一定的措施，切实加强生态旅游建设。一是完善生态旅游制度，严格划定生态红线和底线，为生态旅游的开展提供坚实的制度保障。二是进一步发展低碳旅游，成都平原经济区迅猛发展的旅游业势必加重环境承载力，可以通过制定低碳旅游规划、利用科学技术推动旅游企业节能减排、推广新能源产品、建立绿色景区、绿色饭店等措施开展实施。三是加强生态旅游资源的开发，通过发展生态旅游路线、生态旅游景区等对资源进行保护性开发，引导旅游者采取生态友好方式进行生态体验、生态认知。四是倡导文明、绿色消费，加强生态文明教育，引导旅游者在吃、住、行、游、购、娱的旅游活动中，积极主动采取绿色行为，提升其生态责任意识，激发其生态文明建设的内生动力。五是推动智慧旅游建设，在信息化的今天，应积极主动利用云计算、物联网等新技术，通过互联网将成都平原经济区的旅游节事互动、旅游资源、旅游路线等信息及时推广至四川全省及其他游客来源地区。

参考文献

[1] 戴斌. 我国旅游业"十三五"发展思路探讨 [J]. 旅游学刊，2014，29
（10）：3－5.

[2] 中华人民共和国国家统计局. 中华人民共和国 2018 年国民经济和社会发展
统计公报 [EB/OL]. （2019－02－28）[2020－07－16]. http://www. stats.
gov. cn/tjsj/zxfb/201902/t20190228_1651265. html.

[3] 国务院办公厅. 国务院办公厅关于促进全域旅游发展的指导意见 [EB/
OL]. （2018－03－22）[2020－07－16]. http://www. gov. cn/zhengce/
content/2018－03/22/content_5276447. htm.

[4] 厉新建，张凌云，崔莉. 全域旅游：建设世界一流旅游目的地的理念创
新——以北京为例 [J]. 人文地理，2013，28（3）：130－134.

[5] 曾博伟. 全域旅游发展观与新时期旅游业发展 [J]. 旅游学刊，2016，31
（12）：13－15.

[6] 李桥兴. 全域旅游和乡村振兴战略视域下广西阳朔县民宿业的创新发展路
径 [J]. 社会科学家，2019（9）：88－94.

[7] 任耘. 全域旅游背景下旅游特色小镇发展路径 [J]. 社会科学家，2018
（8）：80－85.

[8] 王国华. 论全域旅游战略实施的路径与方法 [J]. 北京联合大学学报（人
文社会科学版），2017，15（3）：12－18.

[9] 任燕，张武康，任育瑶. 全域旅游示范创建区省域发展水平比较及启
示 [J]. 统计与信息论坛，2020，35（7）：114－121.

[10] 肖妮. 中国全域旅游发展水平的测度及时空演化与空间效应研究 [D].
长春：东北师范大学，2019.

[11] 丁依婷. 闽江口湿地生态—经济—社会系统耦合协同发展评价 [J]. 中
国渔业经济，2030，38（4）：55－64.

[12] LEE M. Regional integration and inter-city network towards mutual
prosperity [J]. Research on tourism and leisure, 2005, 17（4）：

337−351.

[13] ARAUJO L M D, BRAMWELL B. Partnership and regional tourism in Brazil [J]. Annals of tourism research, 2002, 29 (4): 1138−1164.

[14] NOWAK JJ, PETIT S. A reconsideration of tourism specialization in Europe [J]. Tourism economics, 2020 (13): 1−11.

[15] LENZEN M, SUN YY, FUTU F, et al. The carbon footprint of global tourism [J]. Nature climate change, 2018, 8 (6): 522.

[16] 丰晓旭, 夏杰长. 中国全域旅游发展水平评价及其空间特征 [J]. 经济地理, 2018, 38 (4): 183−192.

[17] 赵传松, 任建兰. 全域旅游视角下中国旅游业与区域发展耦合协调及预测研究 [J]. 经济问题探索, 2018 (3): 66−74.

[18] 石培华, 张毓利, 徐楠, 等. 全域旅游示范区创建的经济发展效应评估研究——基于中国重点旅游城市的实证检验 [J]. 贵州社会科学, 2020 (5): 117−124.

[19] 石斌. 全域旅游视角下乡村旅游转型升级的动因及路径——以陕西省为例 [J]. 企业经济, 2018, 37 (7): 77−82.

[20] 李秋雨, 朱麟奇, 王吉玉. 全域旅游背景下吉林省旅游业−经济−社会−生态环境协调性研究 [J]. 地理科学, 2020, 40 (6): 948−955.

[21] 刘姗. 全域旅游背景下旅游城镇化响应强度时空演变及影响机制——以中国西部地区 12 个省份为例 [J]. 地域研究与开发, 2020, 39 (01): 94−99, 106.

[22] 姜雪, 赵天宇. 全域旅游视角下旅游小城镇绿道网络组织机制研究——以宁安市为例 [J]. 建筑学报, 2020 (S1): 119−124.

[23] 赵楠. 全域旅游视阈下休闲养生旅游发展模式——以安徽省亳州市为例 [J]. 社会科学家, 2019 (5): 95−101+107.

[24] 胡海燕, 扎旺. 全域旅游视角下拉萨市旅游产品创新性开发研究 [J]. 西藏大学学报 (社会科学版), 2017, 32 (2): 130−137.

[25] 刘呈艳. 少数民族地区全域旅游发展探析——以西藏拉萨市为例 [J]. 黑龙江民族丛刊, 2016 (6): 72−76.

[26] 张婷, 李祥虎, 姚依丹, 等. 全域旅游视阈下辽宁省运动休闲小镇发展经验及启示 [J]. 体育文化导刊, 2019 (3): 76−81.

[27] 张玉改, 兰贵秋, 兰思琪. 乡村振兴战略背景下辽宁全域旅游反贫困路径构建 [J]. 北方经济, 2020 (6): 61−64.

[28] 杨爽，银元. 全域旅游视角下的四川藏区旅游扶贫对策探讨 [J]. 成都师范学院学报，2020，36（5）：94−99.

[29] 邹勇文，魏晨. 全域旅游与旅游扶贫耦合研究——以江西省玉山县为例 [J].新余学院学报，2020，25（2）：1−5.

[30] 张娜. 论全域旅游与旅游扶贫的耦合——以甘肃省为例 [J]. 产业创新研究，2020（15）：18−19.

[31] 徐虹，范清. 我国旅游产业融合的障碍因素及其竞争力提升策略研究 [J].旅游科学，2008（4）：1−5.

[32] 张凌云. 旅游产业融合的基础和前提 [J]. 旅游学刊，2011，26（4）：6−7.

[33] 程锦，陆林，朱付彪. 旅游产业融合研究进展及启示 [J]. 旅游学刊，2011，26（4）：13−19.

[34] 吴健，徐金海. 在改革中促进旅游产业融合发展 [J]. 开放导报，2015（4）：78−81.

[35] 高凌江，夏杰长. 中国旅游产业融合的动力机制、路径及政策选择 [J].首都经济贸易大学学报，2012，14（2）：52−57.

[36] 江金波. 旅游产业融合的动力系统及其驱动机制框架——以佛山陶瓷工业旅游为例 [J]. 企业经济，2018，37（5）：5−13.

[37] 王敏. 乡村振兴背景下河北省乡村文化旅游融合模式研究 [J]. 南方农业，2019，13（15）：95−96.

[38] 陆蓓. 中国旅游产业融合研究——以杭州市会展旅游为例 [D]. 杭州：浙江大学，2011.

[39] 何琼. 铜梁文化创意产业与旅游产业融合发展研究 [D]. 桂林：桂林理工大学，2019.

[40] 汪永臻，曾刚. 西北地区文化产业和旅游产业耦合发展的实证研究 [J].经济地理，2020，40（3）：234−240.

[41] 范建华，秦会朵. 文化产业与旅游产业深度融合发展的理论诠释与实践探索 [J]. 山东大学学报（哲学社会科学版），2020（4）：72−81.

[42] 方忠，张华荣. 文化产业与旅游产业耦合发展的实证研究——以福建省为例 [J]. 福建师范大学学报（哲学社会科学版），2018（1）：39−45，169.

[43] 金媛媛，杨越，朱亚成. 我国体育产业与旅游产业融合发展研究 [J].体育文化导刊，2019（6）：82−87.

[44] 周平，唐荣芳，徐嘉馨. 民族传统节庆体育与旅游产业融合作用研究——以内蒙古那达慕为例［J］. 体育科技，2018，39（1）：45-46.

[45] 李燕，骆秉全. 京津冀全域体育旅游产业布局及协同发展路径研究［J］. 中国体育科技，2017，53（6）：47-53，70.

[46] 乌兰. 休闲农业与乡村旅游协同发展及其实现路径［J］. 山东社会科学，2018（10）：145-150.

[47] 方世敏，王海艳. 农业与旅游产业融合系统演化机制研究［J］. 湘潭大学学报（哲学社会科学版），2019，43（2）：63-68.

[48] 林罕. 产业融合理论视角下山区旅游农业的发展路径与政策保障［J］. 农业经济，2019（7）：17-19.

[49] 熊花. 工业旅游：新常态下我国旅游业发展的新方向［J］. 企业经济，2015（12）：147-150.

[50] 马文斌，田穗文，唐晓云，等. 工业旅游现状及前景分析——以宝钢工业旅游项目为例［J］. 桂林工学院学报，2004（1）：118-122.

[51] 唐健雄，黄江媚，刘炼鑫，等. 集聚视角下湖南省工业旅游空间联动多尺度研究［J］. 经济地理，2017，37（8）：197-206.

[52] ALESSANDRO S P，ONGUGLO B，PACINI H. Fostering local sustainable development in Tanzania by enhancing linkages between tourism and small-scale agriculture［J］. Journal of cleaner production，2017（162）：1567-1581.

[53] TIBERGHIEN G. Neo-nomadic culture as a territorial brand for "authentic" tourism development in Kazakhstan［J］. Europe-Asia studies，2020，72（10）：1728-1751.

[54] TORRES R. Linkages between tourism and agriculture in Mexico［J］. Annals of tourism research，2003，30（3）：546-566.

[55] NAIDOO R，WEAVER L C，DIGGLE R W，et al. Complementary benefits of tourism and hunting to communal conservancies in Namibia［J］. Conservation biology，2016，30（3）：628-638.

[56] 李永平. 旅游产业、区域经济与生态环境协调发展研究［J］. 经济问题，2020（8）：122-129.

[57] 单晨，陈艺丹. 京津冀旅游产业-区域经济-社会事业协调发展差异研究［J］. 经济与管理，2020，34（3）：1-11.

[58] TUGCU CT. Tourism and economic growth nexus revisited：a panel

causality analysis for the case of the Mediterranean region [J]. Tourism management，2014，42（6）：207-212.

[59] GENELETTI D, DAWA D. Environmental impact assessment of mountain tourism in developing regions：a study in Ladakh, Indian Himalaya [J]. Environmental impact assessment review，2009，29（4）：229-242.

[60] CROES R，RIDDERSTAAT J, BK M，et al. Tourism specialization，economic growth, human development and transition economies：the case of Poland [J]. Tourism management，2021，82：104181.

[61] 杨振之. 全域旅游的内涵及其发展阶段 [J]. 旅游学刊，2016，31（12）：1-3.

[62] 郭治安. 协同学入门 [M]. 成都：四川人民出版社，1988.

[63] 袁纯清. 共生理论——兼论小型经济 [M]. 北京：经济科学出版社，1998.

[64] 张洁. 我国乡村旅游可持续发展的研究 [D]. 天津：天津大学，2009.

[65] 尤海涛. 基于城乡统筹视角的乡村旅游可持续发展研究 [D]. 青岛：青岛大学，2015.

[66] 王玉霞. 大青沟自然保护区生态旅游评价及其可持续发展 [D]. 呼和浩特：内蒙古农业大学，2010.

[67] 萧浩辉，陆魁宏，唐凯麟. 决策科学辞典 [M]. 北京：人民出版社，1995.

[68] 丹皮尔. 科学史 [M]. 李珩，译. 北京：商务印书馆，1979.

[69] 魏宏森，曾国屏. 系统论——系统科学哲学 [M]. 北京：清华大学出版社，1995.

[70] 生延超，钟志平. 旅游产业与区域经济的耦合协调度研究——以湖南省为例 [J]. 旅游学刊，2009，24（8）：23-29.